日本のアニメはなぜ世界を魅了し続けるのか

アニメ聖地と地方インバウンド論

酒井　亨

ワニブックス
|PLUS|新書

はじめに

本書は、2016年に上梓《じょうし》し、アニメ聖地の経済効果について分析した『アニメが地方を救う!?』の事実上の続編にあたる。

事実上というのは、本書はアニメ聖地に焦点を当てたものではないからだ。本書においては、アニメ聖地は一つの題材に過ぎず、日本アニメの世界における浸透と人気、さらに日本のインバウンドやグローカル（グローバルとローカルを掛け合わせた造語）ビジネスの在り方について考察している。だが続編と言えるのは、前著に重大な不足点があったので、それを補いたかったためである。

というのは、同著は2016年6月に上梓したものである。それは世界的な大ヒットとなって、「聖地巡礼」の用語を一般にも知らしめた新海誠《しんかいまこと》監督の長編アニメ映画『君の名は。』封切（8月26日）の2か月強前ということになる。

思えば、2016年はアニメ映画の「当たり年」であり、『君の名は。』に続いて、9

月17日封切の『聲の形』、さらにはダークホースとして11月12日封切の『この世界の片隅に（このせかい）』と、3本もの大ヒットアニメ映画が相次いだ年だった。

筆者は3本の封切は事前には知っていた。だが、製作陣にはまことに失礼ながら、3本ともあそこまでヒットするとは予想していなかったのである。なので前著『アニメが地方を救う!?』を『君の名は。』などの公開前に出した。

いまどきの新書は出している出版社も多く、ムックないし月刊誌化している。そのため、回転も速く、出版されてからしばらくは大手書店で平積や面陳にはなるが、2か月もたてば一冊だけ棚に並ぶ程度となる。平積や面陳でなければ、埋もれてしまう。

そのため、せっかくアニメ聖地巡礼が脚光を浴びた年でありながら、前著はあまり注目されなかった。これは誤算だった。

また前著原稿完成後の2016年3月、安倍政権が2020年東京五輪に向けた外国客誘致「インバウンド」目標をそれまでの2000万人から4000万人に引き上げたところだった。それから半年後にアニメ聖地巡礼が一般的にも注目された。そのため、特にアニメ聖地を抱える自治体が、アニメ聖地をインバウンドにつなげようと積極化したのであった。

さらに２０１６年末には、『君の名は。』の世界的ヒットによって、「ユーキャン新語・流行語大賞」で「聖地巡礼」が流行語の一つに選定され、マスコミも連日のように『君の名は。』や、その他のアニメ聖地巡礼を大きく報道したことで、アニメ聖地巡礼が一般的認知を得た。

その意味でも前著を２０１６年6月に出したのは、若干フライングで早すぎた側面があった。そこで、２０１６年の大ヒット作品3作の「聖地」も含めて、その後増えたアニメ聖地への取材・調査もここでまとめて報告しておきたいと考えたのである。

本書はアニメ聖地巡礼を主な題材にして、グローカルビジネスやインバウンドについて考察するものである。

しかし一部には、アニメの魅力やパワーが近年落ちてきているという指摘もある。特に伝説的なアニメ監督である庵野《あんの》秀明《ひであき》が、２０１５年にロシア・リアノーボスチ通信のインタビューに「日本アニメの寿命はあと5年」と語ったと報じられて、衝撃が走ったことがある。これについてはあとで詳述したい。

もっとも、すでに最盛期は過ぎている観があるものの、依然としてアニメは、日本が世界に向けて発信できる重要なコンテンツの一つであることに間違いはない。

事実、アニメ制作会社などから成る業界団体・一般社団法人日本動画協会が毎年末に発表している『アニメ産業レポート』の２０１８年版（２０１８年12月4日発表）の推計では、２０１７年に広義のアニメ産業（アニメそのものの売上に加え音楽やライブなどの売上も含む）の市場規模が初めて２兆円を超えたとする。２０１８年も微増している。２０１７年は２兆１５２７億円で、国内外の内訳を見ると、国内売上が前年より減じて１兆１５７９億円となる一方で、海外売上は約３割増しの９９４８億円となっており、「国内外の売上逆転が見えてきた形だ」という。

もちろんトヨタ自動車の売上が単体で12兆円あまり、連結だと30兆円とその15倍にも及ぶので、大きくないと言えばそれまでだ。だが、それは自動車が単価の高い商品だからであって、アニメ産業市場を比較するならやはり同じ文化産業で比較すべきであろう。たとえば、書籍・雑誌を合わせた出版市場は日本では１兆５０００億円ほど（２０１８

年）である。これはピークだった１９９６年の2兆６０００億円あまりの60％近くに縮小している。とはいえ、多くの単価がせいぜい千数百円である書籍などの積み上げで兆円を超える規模を誇る日本は、世界で４位の出版市場である。アニメ産業市場は、それよりやや多いことになる。その意味では文化産業の中で、日本のアニメ産業市場の経済規模というのは、世界でも特筆すべき存在と言える。

また第1章や第3章でも紹介しているように、世界各地で日本のアニメや漫画から様々なインスピレーションを得た人が中年以下の世代に少なくない。日本のアニメや漫画に表現されている「日本的なもの」から日本文化や日本そのものに強い関心を抱いて、親日家になり、日本旅行のリピーターや留学生として来日する若者も多い。世界各地で日本のアニメ関係のイベントは今でも増殖する一方である。

本書は２０１６年に上梓した前著を一部土台にして引き継ぐ形で、アニメとその関連商品を題材にしつつ、日本のインバウンドやグローカルビジネスを考えていく。

ちなみに前著でも言及したが、著者の研究テーマについても再度紹介しておきたい。

筆者はもともとはアニメの門外漢である。今でも本当のマニアやプロパーの研究者から見たらまだまだ知らないほうである。

本業は現代台湾政治研究であり、アニメ、それからインバウンドやグローカルビジネスに関してはいわば〝副業〟である。前著と同様、まさにアニメないしはインバウンド、グローカルビジネスを専門としている研究者やマニアから見たら、本書の記述は烏滸《おこ》がましいもいいところであろう。だが、本業ではない、別の視点だからこそ見えてくるものもあると言える。

筆者がアニメ、特に本書で主に対象としているオタク向けの深夜アニメに関心を持ったのは、ほかならぬ台湾研究の過程であった。２０１１年の東日本大震災をきっかけに世界一の多額の義援金を送ってきた台湾は、日本社会でも一躍「親日国家」として知られるところとなった。筆者は２０００年から２０１２年まで台湾に滞在し、大震災のときにはちょうど台湾に住んでいた。アニメへの関心は２００８年ごろからである。台湾の若者には日本以上にアニメ文化が浸透している。そこで、アニメと台湾の親日には何か関連性があるのではないかと考えたのが、アニメ研究を深めた動機となった。２０１

2年3月には11年半住んだ台湾を離れ、半年間、アジア・欧州・中東をぶらついて、9月から大学で教鞭をとることになった。

そこでまとめたのが2013年にやはりワニ・プラスから上梓した『中韓以外みーんな親日：クールジャパンが世界を席巻中！』である。2013年の本では、それまでに訪れた国内のいくつかのアニメ聖地および海外のアニメイベントでの若者たちへの聞き取りや観察に基づいて、日本のアニメの世界の若者への浸透や影響、またそれによって、日本への良好なイメージが形成されている状況を描いた。

2016年刊の前著は、地方大学において大学生とアニメの話題を交わしたり、アニメによるまちおこしに関係したことをベースに「アニメと地域」をテーマにしてまとめたものだ。その意味では、本書は筆者にとってアニメと世界・地域の関係を問う「第3弾」と言える。前著も含めてすでに何度も言い訳にしていることだが、あくまでもアニメ聖地については〝副業〟なので、いろいろと足りない部分や思い違いはあると思う。

特にお恥ずかしいことながら、実は筆者は形象知覚能力が決定的に欠けているらしい。というのも、これまで訪れたアニメ聖地の写真は、マニアが挙げている現地の画像を印刷して現場に行っても、帰ってきて見るとどうもマニアのものとはズレているのである。またアニメ作品の作画がどうとか、シナリオがどうとかいった、芸術的・文学的・技術的な部分もあまりよくわかっていない。

一方では、少年時代から言語に関する興味は強く、満点とは言えないまでも言語に関するセンスはそれなりに備わっているほうだと思う。「読み書き聞く話す」を仕事で使える言語としては、母語の日本語以外にも、台湾語、中国語（華語、北京語）、韓国語、それからそれほど自信はないものの英語もそこそこは使える。ゆっくり話してもらえたらフランス語も多少はわかる。

また、筆者はいわゆる「象牙の塔」で培養されたわけではなく、新聞記者を経て台湾では政治の現場で働いていた。そうした現場主義や皮膚感覚を基に、台湾を中心としたアジアを意識しつつ、地域の視点を提供できる点も持ち味だと自負している。まさにグローカルな立場である。これは第4章で詳しく展開したい。

ところで、インバウンドやグローカルを語るうえで、大きなリスクがまさに本書を執筆している2019年から2020年初にかけて立て続けに起こった。米国イラン危機、米中新冷戦、それから武漢肺炎（台湾などでの呼称、日本でいう新型コロナウイルス、または新型肺炎）問題である。特に武漢肺炎をめぐっては日本政府の初動対応の失敗もあって、インバウンドにもかなり長い間深刻な影響を与えそうである。

ある意味では、インバウンドについて語るのがふさわしくない状況の中で本書が生まれた。だが、そもそも新たな利益源を追求し、リターンを期待するのであれば、リスクはつきものである。また、後半で詳しく述べるように、日本は豊かな歴史・文化のコンテンツを持つ世界有数の国であり、長期的にインバウンドやグローカルを語る意味はまったく失われていない。いや、むしろこうした危機の時期だからこそ、リスクを織り込みつつ、より現実的かつ長期的な展望や戦略を語れるというものだ。危機は転機なのだから。

なお本文中、人名については、敬称を省略した。

第５章　クールジャパンの問題点を整理する……243

第1章

アニメで育った世界の若者、日本アニメに「自由」を見る

台湾のアニメイベント「Fancy Frontier」にて

■アニメとは

前著とは重複するが、まずアニメの定義をしておこう。

アニメは英語「animation（アニメーション）」の略語であるが、もともとこの英語には「生気」「活気」「活発」などの意味もある。ちなみに國原吉之助『古典ラテン語辞典』によれば、この語幹となっている「anima」はラテン語の名詞「息・呼吸、命・生命、人・友・恋人、魂・霊魂・亡霊、精神・意識、微風・空気」とあり、例文では「魂」の意味のものが挙げられている。特に名詞「animatio」には「生命（魂）を与えること」という意味がある。つまりアニメとは「（絵に）命や魂を与えて動かすこと」なのである。

ではアニメとは何か。最も簡潔な言い方では「動く絵」であり、少し詳しく定義するなら「コマ撮りされた映画であること」を前提とし「絵、人形等を素材として、その素材を少しずつ動かしながら、映画撮影用カメラ等を使用して、コマ撮りによって素材を撮影して得られた映像を映写することで、動かない素材を動いているように見せる映画」と定義される（『アニメーション学入門』２００５年）。

また、日本のアニメが米国などと異なる特徴としては、人間の口だけを動かしてセリフを喋らせる「口パク」作画、変身など一連のシーンの絵を繰り返して使うバンクシステム、１秒当たり８枚（三コマ撮り）で表現（ディズニーなどは12枚以上）という技術的な特徴以外にも、敵味方関係を扱う単純なストーリーだけでなく、複雑な人間関係やストーリー、世界観を扱う傾向が強いというストーリーの複雑性や多様性が指摘される（津堅信之『日本アニメーションの力』２００４年）。

また、世界的に、アニメーションとアニメも区別されることが多い。アニメーションは国内外の総称、あるいは特に芸術的なものを指すことが多い一方、「アニメ（anime）」と言えば、日本製の商業的なストーリーアニメーションを指す。１９９０年代には米国を中心に「Japanimation」（ジャパニメーション）という用語が映画関係者の間で作られたこともあったが、現在ではほとんど見かけなくなり、「anime」と呼ばれる。また「アニメ」は日本では１９７０年代以前に「漫画映画」「動画」「テレビ漫画」などとも呼ばれていたが、１９７０年代半ばごろから「アニメ」という略語が一般化した。

同様に、海外では日本のマンガは「manga」として、総称である「comic」（コミック）などと区別されている。

逆に言えば、アニメは、米国やフランスやロシアなどアニメーション大国と対等に屹《きっ》立《りつ》し、マンガは、米国のアメリカンコミックやフランス系のBD（バンド・デシネ）などと並び称せられる日本発の独自の領域として世界的に認知されているわけである。

■世界で見られている日本のアニメとマンガ

実際、日本のアニメは、世界的に見られており、特にアジア地域ではファンが多い。アニメは原作がマンガやラノベであることが多く、密接な関係があることから、本書では以下、アニメを中心としつつも、マンガ、ラノベ、さらに広義では「アキバカルチャー」として総称されることもある関連または類似のジャンルであるボカロ、VTuber（ブイチューバー）、一部のゲームなども包括する。

「アジア地域No.1規模の〝日本好き〟コミュニティサイト」と称する『FUN! JAPAN』の2019年9月5日の記事によれば、アジアにある台湾・香港・タイ・マレーシア・インドネシア・ベトナム・インドの7か国を対象とした、日本のどんなコンテンツが視聴されているかのオンライン調査結果によると、やはり「アニメ」「マンガ」が最上位で、ほかにも「ドラマ」「映画」が見られているという。

「現在視聴している、または過去に視聴したことのある日本のコンテンツは？」という設問では、香港だけが1位に「ドラマ」と答えたが、６か国で1位が「アニメ」または「マンガ」だった。「今後はどんな日本のコンテンツを見たい？」に対しても、インドネシア、タイ、マレーシア、ベトナム、インドが1位に「アニメ」または「マンガ」と回答した。

では具体的にどんなアニメに人気があるのか。

先ほどの記事によれば、特にアニメファンが多い台湾では『ＯＮＥ ＰＩＥＣＥ』、『君の名は。』、『となりのトトロ』、『名探偵コナン』が上位に来た。他の国・地域ではこれらに加えて、『天空の城ラピュタ』、『ＮＡＲＵＴＯ』、『ドラゴンボール』、『千と千尋の神隠し』、『美少女戦士セーラームーン』、『ＤＥＡＴＨ ＮＯＴＥ』、『クレヨンしんちゃん』などが挙げられた。ジブリ系や日本では朝夕放映のメジャーアニメがほとんどである。

通の指摘では、今の大学生以下の世代には、YouTuberなどの台頭で、アジアでもアニメが廃れつつあるとも言われている。

だが、少なくとも日本でもまだまだアニメは健在である。YouTuberがここまで注目される以前、2015年の調査とはいえ、日本の中学校の外国人教師MyManDが600人ほどの中学生を対象に「自分の好きなアニメ」を調査したところでは、

1位『ワンピース』
2位『Free!』
3位『ご注文はうさぎですか?』
4位『艦隊これくしょん』
5位『ハイキュー!!』
6位『ヘタリア』
7位『バケモノの子』
8位『銀魂』
9位『ワールドトリガー』
10位『進撃の巨人』

で、ワンピースとバケモノの子、銀魂を除けば、萌え系も含むオタク系深夜アニメがずらりと並んだ。

台湾でも高校生くらいの男女が、スマホで日本のアニメを見ている姿をよく目撃する。

■VTuberとボカロ

２０１６年の前著ではカバーされなかった社会現象として、YouTuberが挙げられるが、直接アニメと関係はしないので、ここでアニメと関係するものとして、YouTuberのバーチャルキャラクター版であるVTuberを特筆しておきたい。

YouTuberはもともと素人がやっているのに対して（最近では芸人なども進出しているが）、VTuberは、プロ集団が制作している。絵が基本的にアニメ系の絵であり、声優が声を当てているため、アニメ関連・類似作品と位置付けられよう。

日本が発祥の地で、２０１６年12月から公式活動を始めた「キズナアイ」が元祖とされる（誕生の設定は同年6月30日）。主なチャンネルであるA.I.Channelは昨年末の時点で登録者数が２６０万人を超え、総再生回数も2億７０００万回を超える。同様のキャラは以前にも存在したが、VTuberという名称を使ったのはキズナアイが初である。登場から半年は鳴かず飛ばずだったが、2017年2月頃から韓国など日本国外でブームとなったあと、日本国内に逆輸入された形だ。

2018年3月に日本政府観光局ニューヨーク事務所の訪日促進アンバサダー（大使）に就任し（同月末で退任）、同月16日には、世界初となるVTuberの写真集を発売した。また、BBCは同年10月と12月の二度にわたって、キズナアイほかのVTuberを記事で取り上げている。

2017年になると、「電脳少女シロ」、「ミライアカリ」「バーチャルのじゃロリ狐娘YouTuberおじさん（ねこます）」、「輝夜月《かぐやるな》」が登場、これらも含めて「VTuber四天王」と呼ばれる。なぜかキズナアイを含めて5「人」おり、基本的には「五人揃って四天王」と呼ばれるが、キズナアイは元祖ということで「親分」と呼ばれて、別格扱いである。

特に話題となってキャラが増殖したのは、2018年だ。同年1月末から7月末までに181人から4475人に増加、さらに同年9月12日には5000人の大台を突破した。

２０１９年1月2日にはＮＨＫ総合テレビで『ＮＨＫバーチャルのど自慢』が放送された。

基本的には「五人揃って四天王」として扱う。

だが２０１９年にはキズナアイの中の人（声優）の入れ替えがあったことなどから四天王の人気が急落、しかし「にじさんじ」が登場して、ニコニコ大百科及びピクシブ百科事典の該当記事総アクセス数最多記録となり「ネット流行語１００ ２０１９」年間大賞を受賞して、盛り返した。

また動画配信サイトで２００７年ごろから人気があったのがVOCALOID（ボーカロイド）、通称ボカロであり、これはまだ人気が続いている。

VOCALOIDとは、ヤマハが開発した音声合成技術、および応用製品やそのキャラクター群を指す。

これにもやはりアニメ絵のキャラクターが当てられる。有名なのは、クリプトン・フューチャー・メディア（北海道札幌市）が発売しているキャラ群、特に初音《はつね》ミクである。ミクは2007年8月31日に「キャラクター・ボーカル・シリーズ」第1弾として発売された。発売から約1年で4万本以上を出荷する大ヒット商品となった。「中の人」と呼ばれる音声ライブラリの担当は声優の藤田咲、また「骨の人」と呼ばれるモーションアクターを担当したのは声優小倉唯。

ミクのヒットによってシリーズ第2弾として「鏡音《かがみね》リン・レン」（声・下田麻美）、第3弾「巡音《めぐるね》ルカ」（声・浅川悠）が出された。

■アニメファンはマイナーな存在だが強力

アニメイベントを紹介する第3章でも詳しく述べるが、アニメ・マンガのファンは世界に広がっている。もちろん広がりの規模だけを見るなら、米国ハリウッド映画や韓流のほうが上かもしれない。ハリウッドの市場規模は、アニメの二桁以上はあろうし、韓国発のコンテンツ（韓流ドラマ、K-POP、韓国発のウェブ版漫画WEBTOON（ウェブトゥーン）は東南アジアや欧州を中心に広く受け入れられている。また近年アフリカには、中国の格安スマホとアプリが普及し、それによって中国製のアニメやドラマが浸透しているという。数量的に言えば日本アニメはきわめてマイナーである。

　だが、日本アニメは、そうしたコンテンツとは異なる魅力を放っている。それは、アニメが（設定、作画、脚本などすべて）緻密に制作され、アニメに惹《ひ》かれることで日本語にも興味を持ち、親日家になってくれる割合が多いという点である。これは具体的な統計があるわけではない。だが、同時に他の文化商品も渉猟しているはずの世界各地のアニメイベント関係者などへの聞き取り調査から、日本のアニメがほかの世界の文化商品と違って、深みにはまる割合、忠誠度が高いという指摘をよく耳にするからである。

　そもそもアニメは、ハリウッド映画、韓国コンテンツなどと違って、最初から世界市場を意識して作られたものではない。そのため、ハリウッド映画のように膨大な製作費が投下され、その資本の力で世界を席巻《せっけん》することもないし、ウェブトゥーンのように最初から世界のスマホユーザーを考慮してスマホに最適化された設計になっているわけでもない。

　あるアニメ制作会社の渉外担当役員と２０１４年ごろに話したところでも、アニメはあくまでも日本国内の愛好者を対象に作っているものであり、そんなにリターンが見込めない以上は、海外は想定外だと話していた。さすがに最近は海外市場も視野に入れつつあると思われるし、たとえば『君の名は。』は最初から世界市場を視野に入れ、いかにも万人受けしそうな要素をてんこ盛りにしていた（この表現にはネガティブな意図はない）。

だが深夜アニメと呼ばれる多くのマニア向けのアニメは、基本的には国内のアニメファンしか想定していないはずである。もちろんアニメ制作会社も営利企業なので、円盤（Blu-ray DiscやＤＶＤ）の売れ行きや、そのシーズンの1位（覇権）を取れるかという点に関心がないわけではない。だが、基本的にアニメは、国内のアニメファンを念頭にプロ集団が緻密に職人技で作っているものである。

そのため、ハリウッド映画に代表される「普遍性」を追求するコンテンツによるマスな市場は最初から作れない。

だが、そのマイナーさが逆にファンの忠誠度を高め、アニメを理解したいから日本語を学び、他の日本文化にも興味を持ち、日本そのものを好きになる。

われわれはハリウッド映画を見たからといって、熱狂的なアメリカマニアになって、カリフォルニア州のハリウッドをわざわざ訪ねるまでには至らない。それはごく一部でしかない。

ところが、アニメやマンガのファンは、かなりの割合で日本を好きになるのである。国や地域や世代によってバラつきはあるが、１割から５割くらいか。他のコンテンツよりは何十倍や何百倍も多いと見られる。

もっとも、逆に過大評価するべきでもない。つまり、そうだからといって「日本のアニメやマンガへの関心を高めれば、自動的にそれが親日家や日本好きを増やすことにつながる」かというと、ことはそう単純な計算では進まない。それはハリウッド映画がいみじくもそうであるように、ファンのすそ野を広げることは、むしろライト層を増やすだけだからだ。独特の味があるからこそコアな人気を得ているアニメが、普遍化を追求すれば、従来のコアなファンを失う恐れもある。結果的に下手に拡張戦略をとっても、ファンが思うようには増えない。そうした単純な想定が経産省などの官製クールジャパンの失敗の原因だと思えるが、それについてはまたあとで詳しく議論したい。

いずれにしても、日本のアニメ・マンガは、世界で熱狂的かつ忠誠度の高いファン層を構成している。世代的には国や地域によって多少上下はあるが、おおざっぱに言って25〜35歳がコアであると言えよう。

そしてアニメ・マンガファンを考えるうえで重要な点は、年齢層だけでなく、階層にも注目すべきところである。それは端的に言えば、それぞれの国において学歴が高い中間層とその子弟が多いということである。これは筆者の取材およびその他世界のアニメ事情に関する類書、世界アニメイベントを観察してきた業界人などの話を総合した結果である。

しかも欧米においても、最先端のＩＴ業界の起業家や技術者の中でのアニメファンの比率が目立って高いらしい。つまり世界経済を牽引する頭脳が同時にアニメファンでもあるかもしれないということだ。

例として適切かどうか問題はあるが、米国諜報機関員であったスノーデンも、日本のアニメファンである。また日本のあるプログラミング会社の経営者は、「アニメファンであることで、海外の同じ業界に食い込みやすく、提携先も広げられた」と筆者に語っていた。半分冗談で言えば、「アニメはビジネスチャンスを広げる」ものなのだ。

■自由を求める香港の若者のアニメ好き

では世界のファンにとって日本のアニメ・マンガの魅力はどこにあるのか？

それは端的に言って、緻密に設計されたストーリーとデザイン、テーマの多様性（様々な社会問題も含めて）、政治的・宗教的縛りが弱いことによる表現の自由度にある。

特に最後に挙げた自由度は、アジアにおいては強い訴求力を持っている。その典型がまず香港に見られる。

香港では、２０１４年、香港特別行政区のトップの選出をめぐり、中国の意向が支配する制度を普通選挙に改めることを要求した学生たちの雨傘運動（同年9月から12月）の際にも、特に日本のアニメがもてはやされたようだ。

学生たちがセントラル（中環）でテントを張って抗議した「占中（オキュパイ・セントラル）行動」では、膠着《こうちゃく》状態のときに、学生はもとより鎮圧側の警官の若手の間でも、ネットで『ラブライブ！』のアニメやゲームをやっている姿が目についたそうである。

日本でも知られるようになったアグネス・チョウ（周庭）は特に近未来の警察と犯罪組織の知能バトルを描いたアニメ『PSYCHO-PASS サイコパス』（2012年秋〜翌年春放映）を見ていたそうである。

そして2019年6月から繰り広げられている香港の抗議運動も、そうしたアニメファンが主力となっているようである。

日本や台湾のアニメイベントで出会った香港人のアニメファンは、抑圧的な中国が大嫌いなのであり、日本のアニメに自由の象徴を見ていた。

「家賃は高くて、狭い部屋にしか住めない。外に出ても中国人だらけだし、物価も高い。だから狭い家にこもってネットでアニメを見るしかないのさ」と。

さらに、占中行動で最終的に鎮圧されるというときには、学生たちは抵抗の印としてなんとサイリウムを取り出したという。これは、アニソン歌手のイベントでファンが振るサイリウムを、ほとんどの学生が日常的に携帯しているということでもある。

それほど日本のアニメに入れ込んでいる表れだ。

■アニメファンの比率が高い台湾の若者

世界の中でも、群を抜いてアニメ・マンガのファンが多く、その延長として親日家も多いのが台湾である。

特に若者の間で、アニメは絶大な影響力を持っており、やはり自由の象徴と目されている。

もっとも、台湾は香港と違って中国の主権下にあるわけではない。自由な選挙も行われ、民主的に指導者である大統領（総統）や国会議員（立法委員）なども選ばれている民主主義国家である。だが、これまで国際政治に翻弄され続け、今でも中国がその領有権を主張し、武力を使ってでも併合すると公言している。したがって、香港の若者と同じく、一党独裁の中国に反感を持ち、日本アニメに自由を見出している。

しかも、歴史的にも台湾は日本との関係が香港よりもはるかに深い。香港における日本軍の占領期間は大東亜戦争中のたった4年間だったが、台湾の場合は日本領として併合され、植民地として50年間統治された歴史がある。それまで清帝国にほぼ放置されていた台湾は、日本統治によって、近代化と文明化を経験する。日本が敗戦した１９４５

年に乗り込んできた中国国民党政権が、日本よりも残虐で、建設的なこともしなかったことから、台湾では日本統治を肯定的に評価する気風がある。さらに近年では民主主義を確立した台湾を武力で併合しようと叫ぶ中国を後目《しりめ》に、日本のかつての統治と現在の民主主義と自由を重ね合わせて、日本への好感度、親日度がますます強まる傾向にある。

それは特に30代以下の若い世代に強い。その若い世代は、中学生のころに、日本で勃興した深夜アニメにどっぷりとつかってきた。

そのため、台湾におけるアニメとマンガの浸透度合いと影響力は、世界で群を抜いている。台湾と匹敵するのはフランスであり、フランス人からも日本のアニメとマンガへのリスペクトと理解は透徹したものを感じるが、台湾人からは別のベクトルでの深さと愛が感じられる。

台湾におけるアニメ文化の浸透度は、場合によっては日本を超えるものがある。

日本においては、若者文化に無理解な中高年フェミニストがしばしば萌え絵を「女性の商品化」などと攻撃するが、台湾ではフェミニズムの勢力は強いものの、そうした無粋なことはしないためか、政府レベルでも萌えキャラを多用する。

■台湾の軍艦や大統領もアニメキャラ化

筆者が驚いたのは、２０１８年に国防部（省）つまり軍が制作した短編アニメを、台湾の若者たちが「『君の名は。』に通じるクオリティ」と称賛したことであった。

また、台湾の海軍は２０１８年２月に、日本のネットゲームからアニメ化もされた『艦これ』にあやかって成功級フリゲート「田單」を「小田（シャオティエン）」、康定級フリゲート「西寧」を「寧寧（ニンニン）」と「艦娘」（かんむす、『艦これ』のキャラのこと）と見なした動画を公開した。

「艦娘」と言えば、２０１６年に総統選挙で当選、２０２０年１月に再選された蔡英文《さいえいぶん》は、眼鏡をかけていることから、２０１５年ごろから、艦娘の「霧島」に擬せられてきた。本人がそれに気を良くしたのか、総統に当選したのちの２０１６年１月にアニメ同人誌即売会「Fancy Frontier」に現れ、会場の若者から大喝采を浴びた。

蔡英文をモデルにした漫画『覇海皇英』は、初回特典版には「総統級・抱き枕カバー」が同梱された。それだけならまだしも、表はパンツスーツ姿、バックスタイルはお尻を突き出したような姿になっていた。

ところが、本人はそれで若者人気が上がったことにさらに気を良くしたのか、2020年総統選挙では、蔡英文を美少女キャラ化したものがオフィシャルに作られた。たとえばゲーム【什麼?!台灣高中三年二班的我竟然掉入了異世界而且還遇見了總統!?(なに?!台湾の高校三年二組の私が異世界に落ちて総統に偶然出会ったって?!)】。なにやら『ダンまち』や『リゼロ』などを彷彿とさせるタイトルである。さらに選対本部は蔡英文を美少女戦士キャラにしたクリアファイルも配布していた。だが、ここまで美少女キャラ化すると、本人と同一化できないので、ほとんどフェイクと言うべきだと思うのだが?

■コスプレ議員、百合アニメにはまった作家

2020年1月に行われた国政選挙では、立法委員選挙も同時に行われた。花蓮県選挙区から再選を目指した(落選)蕭美琴《しょうびきん》が「花蓮の(超)電磁砲」と呼ばれた。それは、人気アニメ『とある科学の超電磁砲《レールガン》』の主人公である御坂《みさか》美琴と偶然名前が同じことから取られたものだ。また、2014年に台湾で中国との貿易協定に反対する学生が興した「ひまわり学生運動」で活躍した頼品妤《らいひんよ》が初出馬した(当選)。頼はコスプレイヤー

としても知られており、選挙戦終盤の２０２０年1月9日には、エヴァンゲリオンのアスカのコスプレで壇上に立ち、支持を訴えた。

小さな話題としては、２０１9年6月23日に、大衆食堂が中国資金に買収されて親中派テレビチャンネル「中天ニュース」ばかり流していることに対して学生の抗議運動が起こった。台湾大学で「中天でなくて何を流すべきか」のアンケートを取ったところ、数こそ多くはなかったものの、「『ゾンビランドサガ（佐賀偶像是傳奇）』を流せ」がしっかりと挙げられていた。

軍による公式萌えキャラを挙げたが、他の国営事業や自治体も萌えキャラを使っている。これは日本以上の動きである。

在来線を運営する台湾鉄路管理局（台鉄）の萌えキャラは、それほど普及しなかったが、日本人の設計だそうだ（２０１7年7月27日報道）。

高雄の地下鉄運営会社は、萌えキャラ「高捷少女《たかめ》」を採用している。そのデザインを手掛けた「希萌創意」の経営者に２０１5年8月、話を聞いた。それによると、屏東《へいとう》科学技術大学在学中に漫画研究サークルに在籍。２０１3年6月にマイクロソフト台湾が

「空気少女」というキャラを出したことからヒントを得て、2014年4月に屏東県東港で開かれた鮪《まぐろ》祭に萌えキャラを出そうと思い立ち、県庁を説得すること2年、それがこの萌えキャラの原型となったという。これが大ヒットして、同社は大きく成長し、様々なご当地グッズなども手掛けている。

楊双子（本名・楊若慈）というレズビアン作家も、日本のマンガに没頭し、特に『魔法少女リリカルなのは』など日本の百合アニメが好きで、そこから百合文学を台湾でも創作することを思い立ったという。

『花開物語』という長編小説は、日本統治時代の女性記者・楊千鶴《ようせんかく》へのオマージュで、現代に生きる少女が、タイムスリップで1926年に行き、日本内地人の華族令嬢と百合を展開する内容だ。それまでの台湾のタイムスリップ小説はなぜか中国の唐代にタイムスリップする設定が多かったが、それに疑問を感じ、日本統治時代にしたという。上流層を主人公にしたものだが、それしか資料がなかったことと、上流層であろうと、女性同性愛者としての快楽と苦悩の二面性があったことを指摘したかったという。

こうした台湾の「日本好き」に応えるかのように、感動的なストーリーで話題になった『若おかみは小学生！』では、テレビ版第13話（2018年7月8日初放映）で、「台湾旅行へ若おかみ！」回が挿入された。

■中国の不自由さとの対比

台湾や香港で日本アニメが自由の象徴と見られているが、彼らの念頭にあるのは中国の不自由との対比である。中国は表現規制と言論統制が厳しいことで知られている。かつて台湾でラノベ翻訳を手掛ける出版社に聞いたところでは、「中国語に翻訳された日本のラノベのほとんどは中国の検閲を通らない」とぼやいていた。

さらに日本のアニメについても2015年以降、中国側の規制が強まっている。最初に明るみに出たのは2015年6月8日、中国文化部（省）が日本のアニメ38作品について、インターネットでの配信を禁止したことだ。理由は「未成年者を犯罪に誘い、暴力や欲情、テロ活動を誇張する内容が含まれる」という。具体例は、第5章に譲るとして、そうやって表現規制をしている中国に、今の若者が反感を抱かないはずがない。

また2017年8月24日、中国メディア「今日頭条」は、中国で大人気の日本アニメが「国内のテレビでは基本的に見られない」点を分析する記事を掲載した。それによると、中国ではむしろ１９８０年代から90年代には多くの日本アニメがテレビで放送されていた。『ドラゴンボール』『スラムダンク』『爆走兄弟レッツ&ゴー!!』などだ。それがむしろ近年は日本のアニメが規制されている。それは「中国産のアニメを守るため」だが、国策として日本アニメを締め出しても、中国産アニメが成長するどころか、むしろ「逆効果」に終わったとしている。これは中国メディアにしては珍しい体制批判である。

■東南アジアでは日本はブランド

２０１８年1月、ＫＡＤＯＫＡＷＡの子会社となったマレーシアのマンガ出版社GEMPAK（ゲンパック）の蔡再鴻《さいさいこう》が語ったところでは、食品や様々なブランドでも日本が最も大きな影響力を持っているという。日本ブランドは強い。

シンガポールで、イベントを手掛ける黄展鳴や劉俊賢によると、１９７０年代に日本のマンガが入ってきて、今では大きな影響力を持っている。名門大学・南洋工科大学には中国が孔子学院を設置しているが、そこが発行した幼児向けのマンガ教材すら、日本風になっているという。

さらに近年ではシンガポールの子供の親は、マンガを読むことを奨励している。少なくともそれが文字を読むことになるからだという。

インドネシアは若者が中間層化し、急速に近代化している。それもあって日本のマンガの市場が大きくなっている。実際、最大書店のグラメディアのプラザインドネシア店では、日本のマンガコーナーのスペースが広く、かなり多くのタイトルがインドネシア語に訳されている。そしてマンガが好きなある若者は、「インドネシアも30年後には、東京みたいになれるかな」と語っていた。アジアの途上国の人たちは、日本のマンガやアニメに、中間層が厚い日本社会へのあこがれと発展目標を見出している。

しかも１９８０年代までは米国風タッチのマンガが多かったアジア諸国では、今では日本のマンガとアニメの影響が強く、日本漫画を模倣した創作を行っている。

■フランス人にとって日本は清潔さの象徴

欧州ではフランス人にアニメ・マンガのファンが多い。

フランスのパリのカルチェ・ラタン。ここにもいくつかコミック・BD・マンガの店が並んでいるが、日本マンガ専門店「HAYAKU SHOP」がある。その店長および来店していた客に、2018年9月と2019年7月に話を聞いた。すると、フランスは暴動も多くごちゃごちゃ乱れているが、日本は夢と清潔さの象徴であるという。日本のマンガは、体系的で長いストーリーが面白く、日本の考え方が反映されているところが良いそうだ。

フランスのような文化国家から、日本のマンガやアニメに対する高い評価を聞くと気分が良いものである。しかも、フランス人の特徴は、マンガだけ読むのではなく、BDやアメコミも、もちろん文学も読んでいる人が多い点だ。なのでマンガも一種の表現芸術としてとらえられているのである。そのうえでマンガに特に高い評価を与えている。

ほかにも似たような話を聞いたり読んだりしたことがある。

筆者は当初てっきり、かつてのジャポニスムのように、「おお、東洋の神秘」という一種のエキゾティシズムとしてとらえているのかと考えていた。ところが、いろいろと観察して話していると、どうもエキゾティシズムと言うよりは、マンガの表現や技法や

パリのマンガショップ「HAYAKU SHOP」の外観

「HAYAKU SHOP」のクリストフ・ルナン店長

文法が、フランス人の波長に合っているとしか思えないのである。筆者は専門テーマならフランス語も読めるし、ゆっくり話してもらえればなんとか聞き取れないことはないが、話せるレベルではない。なので、しょせんは英語や日本語でもどかしい話しかできない。フランス人がなぜこうも日本のマンガやアニメが好きなのかは、深く追求していくべきテーマかもしれない。

米国も3億もの人口を抱え、やはりアニメ・マンガファンの層は厚いとされる。だが筆者は米国はあまり訪れていないので、今のところよくわからない。

■日本のアニメ・マンガの魅力とは

まとめると、世界的に日本のアニメとマンガが評価されているのは、テーマが多様かつ広範であり、単純な勧善懲悪ではなく、哲学的に深いものがあり、ストーリーがしっかりしている、という点にあるようである。

特にアジアの新興国においては、日本のアニメやマンガに、経済成長を果たした先進国における中間層の生活スタイルのモデルを見出しているようだ。また台湾と、特に香港にその傾向が強いのであるが、日本のアニメやマンガの表現やテーマの多様性と自由さに、自由の象徴を見ているのである。

また、日本のアニメやマンガは構成と設計が緻密である。特に出版社にとってはマンガ本はドル箱であることもあって、優秀な人材が投入されている。これが部数トップを走る週刊少年ジャンプの人気作品ともなると、最低でも３人が担当する。世界的に有名な『ワンピース』の背景設定には世界史の様々な舞台や事件が織り込まれている。昔からマンガ家には物知りが多いように、高い教養が背景にある。これはアニメ監督にも言える。高畑勲について宮崎駿は「これほど教養深い人は見たことがない」と評したことがある。『聲の形』の監督山田尚子は、たくさんのアニメを見ているだけでなく、邦画から洋画まで何万本という映画も見ているという。表現者というものはインプットがないとアウトプットができない。筆者自身も一冊の本を書くたびに新たに何百冊と読むが、それが有名なマンガ家やアニメ監督であれば、蓄積と教養は相当のものであろう。

昨今ではアニメ業界を目指し、監督になりたい若者も多いと思われるが、それならアニメやマンガを見るだけではなく、古今東西様々な文学作品や映画も同時に渉猟すべきである。漫画家やアニメ監督として成功するためには、そうした教養の厚みと深みが勝負になっている感がある。

しかし今の日本の教養の枠とも言えるアニメでも、作画崩壊と言われる状況がたまに発生する。アニメ制作会社幹部から聞いたことがあるが、アニメ制作に携わるアニメーターには、そんじょそこらの「絵が好き」なだけではなれない。絵がうまいだけではなく、うまい絵をできるだけ早く描けてこそプロになれる。だから毎年10人の募集に対して200人くらい応募してきて、それも何千枚もの画集をつけてくる。そして入社試験では、『バガボンド』『AKIRA』『ベルセルク』のような線が多い絵の模写を短い時間で描かせて競わせる。それほどの難関を突破しても、なぜ作画崩壊するのか。それはあまりにも数多くのアニメが制作されすぎて、現場は常に余裕のない作業を強いられているからである。弘法も筆の誤りということはどうしても起こる。

ちなみに、マンガについては、個別の作品ごとに好まれている国と地域の偏りがあるように見える。

有名作品で言えば、たとえば『銀魂』は一般に漢字文化圏でしか見られない。漢字文化圏というのは、中国、韓国、台湾、香港、ベトナム、マレーシア・シンガポール華人社会である。マレーシアでもマレー系はあまり見ていないようだ。

これについては、あるマンガミュージアムの学芸員氏は、銀魂のシリアスモードには武侠小説的な展開が見られるからでは、と推測していた。

また『進撃の巨人』も世界的に人気があるものの、東アジアの韓国、台湾、香港での人気が特に高いように見える。これもその学芸員氏は東アジア社会が共通に持っている閉塞感があるためだと指摘していた。

『ソードアート・オンライン』は世界各地で人気があるが、マレーシアのマレー系や欧州人が特に好んでいるように見える。

欧州では、『NARUTO』や『BLEACH』が一般的に広く受け入れられている。だが一部の作品はゲルマン系とラテン系で好みが異なるように見える。ラテン系ではジャンルに大きな偏りはなく比較的満遍なく見られるが、しいて言えば恋愛や学園ものが多いようだ。ゲルマン系では『東京喰種トーキョーグール』『黒執事』『DEATH NOTE』などグロ・殺人・怪奇系が特に人気があるようだ。

第2章　さらに増え続ける「アニメ聖地」

『聲の形』の舞台、大垣市の聖地の一つ「美登鯉橋」

前著『アニメが地方を救う!?』の出版後に起きた特筆すべき出来事は、『君の名は。』の大ヒットを受けて、2016年の流行語大賞の候補として「聖地巡礼」が入選したほか、一般社団法人アニメツーリズム協会が同年9月16日設立され、「訪れてみたい日本のアニメ聖地88」を毎年発表し始めたことだ。

同協会はKADOKAWAが中心となったもので、KADOKAWAが関わらないアニメについては、制作会社との版権調整の関係で選ばれない場合もある。

本稿執筆時点での最新版である2020年版は2019年10月29日に発表された。

前著を出した2016年以降も、聖地アニメではないものも含めて、多くの話題作が登場している。

・『Re:ゼロから始める異世界生活（リゼロ）』2016年春。原作は長月達平による日本のラノベ。異世界転生もの。主人公が何度も殺されては時間を巻き戻して記憶を引き継げる、タイムリープ能力「死に戻り」を有する。聖地はないが西欧っぽい背景。

・『刀剣乱舞』２０１６年秋、17年夏、18年冬。もともとは２０１５年発売のゲーム。「刀剣男士」と呼ばれるイケメン男性剣士が活躍するコンテンツで、女性に爆発的な人気を得た。日本刀ブームのきっかけにもなった。

・『おそ松さん』２０１５年秋、17年秋。舞台は特に決まってないが、松に引っ掛けて佐賀県唐津市の「虹の松原」が舞台と考えられることが多く、唐津市とコラボ企画が行われた。人気男性声優が声を務めたので、女性に爆発的な人気を得た。

・『ユーリ!!! on ICE』２０１６年秋。佐賀県唐津市が主な聖地。フィギュアスケートを描いたもので、イケメン男性キャラが多く、女性に爆発的な人気を得た。唐津における聖地巡礼の一番の題材。

・『ラブライブ!サンシャイン!!』メディアミックスプロジェクト『ラブライブ!』シリーズ第2作。２０１６年夏、17年秋。静岡県沼津市が主人公たちの出身地とされ聖地化した。

・『君の名は』２０１６年8月封切。オリジナル長編アニメ映画。岐阜県飛騨市古川町地区および長野県諏訪市諏訪湖などが舞台モデルとされる。高校生たちを主人公に彗《すい》星《せい》落下により壊滅した町をタイムトラベルで救うストーリー。世界的にブームを巻き起こした。

・『聲《こえ》の形』２０１６年９月封切。人気漫画原作で京都アニメーション（京アニ）が長編アニメ映画化。聴覚障碍者の女子高生をモデルとした。２０１６年アニメ作品では、原作人気と京アニ制作ということで、下馬評が最も高かった。いじめ問題も要素に含むことから、日本以上に台湾と韓国で社会現象となった。岐阜県大垣市と周辺が舞台だが、後述する理由から、聖地巡礼としては活発ではない。

・『この世界の片隅に（このせかい）』２０１６年11月封切。第二次大戦中の広島県広島市江波地区と呉市を舞台に、一人の女性を主人公に、戦時下の生活を描いた漫画の長編アニメ映画化。戦争への評価など政治的なメッセージを一切排除して徹底的に暮らしを描いた描写が人気を得た。海外では主にスペイン語圏で話題となった。

・『けものフレンズ（けもフレ）』２０１７年冬、19年冬。動物を擬人化したキャラ設定が独特で人気を集めた。埼玉県の東武動物公園が主な聖地とされるが、各地の動物園も聖地化され動物ブームが起こった。

・『ゾンビランドサガ』２０１８年秋。ゾンビとして生き返った少女たちがプロデューサーに導かれながら、佐賀県を救うためにご当地アイドルとして活動するというオリジナルアニメ。名前の通り佐賀県、特に唐津市が舞台。宮野真守の怪演技が好評でその期の覇権となり、カルト的人気が出た。

・『ポプテピピック（ポプテピ）』２０１８年冬。原作は大川ぶくぶの４コマ漫画。ナンセンスギャグ。毎回声優を入れ替え、しかも同じ回の２パートを同じ場面でも声優を入れ替える変わった趣向がカルト的な話題を集めた。聖地は特にないが、しいて言えば竹書房がある東京・飯田橋付近。

・『鬼滅の刃』２０１９年春。原作は『週刊少年ジャンプ』に連載中の吾《ご》峠《とうげ》呼《こ》世《よ》晴《はる》のマンガ。大正時代を舞台に鬼と化した妹を人間に戻す方法を探すために戦うという和風剣戟奇譚。むしろ放映終了後に特に若者の間で人気が急上昇するという不思議な結果となった作品である。

このうち聖地ものとしては、岐阜県と佐賀県の躍進が目立つ。

『君の名は。』（飛騨市など）と『聲の形』（大垣市）が岐阜県、『おそ松さん』『ユーリ』『ゾンビランドサガ』が佐賀県、特に唐津市であった。これまでアニメ聖地空白地帯に近かった岐阜県と佐賀県が一挙に台頭したことが注目される。

■聖地巡礼とは

本題に入る前に、聖地巡礼について前著と異なる観点も含めて少し記しておきたい。日本では有史以来、聖地巡礼が存在してきた。そもそも神社自体が、いろんな神様や天才にあやかったものである。弘法大師ゆかりの「四国八十八ヶ所」もある。

今のアニメ聖地巡礼に近い意味では、少なくとも大正時代からあった用語とされる。そして、近代には鉄道の発達とも結びついた。その典型は出雲大社への参拝路線として発達した島根県の地方鉄道、一畑電気鉄道に見られる。

その意味では今のアニメ巡礼客が、同時に鉄道マニアやカメラファンである比率が高いことは、近代宗教巡礼の在り方の延長とも言える。

また宗教的な聖地巡礼としては、古代エジプトやその神々ゆかりの地を継承したキリストの滞在地の聖地化が挙げられる。マリアがイエスを抱いてエジプトに逃亡・遍歴したとされるルートは、コプトの修道院などが点在し、東方教会にとっての巡礼地にもなっている。それは古代エジプトの神々にとっての聖地をそのままなぞっているとされる（山形孝夫『砂漠の修道院』）。三大宗教にとってのエルサレム（アルクドス）、イスラームにとってのメッカ巡礼（ハッジ）をはじめ、枚挙にいとまがない。

もっとも、アニメファンにはそうした「宗教心」が必ずしもあるわけではない。だがアニメの風景モデルとなったロケハン地、登場人物ゆかりの地、制作会社所在地などは、ファンにとっては宗教の敬虔《けいけん》な信者にとっての聖地と同等の意味を持っていると考えられる。

北海道大学教授の山村高淑《たかよし》は「アニメグッズはコンテンツの憑代《よりしろ》」であり、イベントは祭りと同等であることから、「ある種『聖性』を持ったコンテンツを、地域内外の人々の手で共有する作業であり、キャラクターや物語世界と人との交渉を具現する儀式」なのだが、「ファンにとってキャラクターはある意味、神聖な存在」だからこそ、「自然にこうした呼称（聖地巡礼）が定着するということは、そこに『聖性』を感じているからにほかならない」（『アニメ・マンガで地域振興』２０１１年）と指摘する。

アニメ聖地プロデューサー柿崎俊道は２０１４年の講演で「アニメ聖地もひどい山の中だったり、夏の暑い時期に延々と歩いたり、一種の苦行である」と指摘している。確かにアニメの聖地巡礼も山伏にも通じる心性だから、聖地巡礼というのはおかしくない、ということだ。

また、近代的な意味で創作作品のゆかりの地を訪れる聖地巡礼のはしりとしては、英国の推理小説シャーロックホームズ・シリーズが起源の一つだという指摘もある。

実際、シャーロッキアンは現代日本アニメファンと同じくらい熱狂的で忠誠度が高い。

筆者は２０１９年７月にロンドンでゆかりの地をいくつか訪れた。

ベイカー・ストリート２３９番地のビルは２２１b番外のシャーロック・ホームズ博物館を名乗り、多くの観光客が列をなしていた。また当時のロンドン警視庁（スコットランドヤード）があった場所、その近くにあるパブ「ザ・シャーロックホームズ」もファンの立ち寄り先であろう。

さらにホームズとモリアーティ教授の死闘が演じられたスイス・ベルン州のマイリン

ロンドンのベーカー街「221b番地」

ロンドン・シャーロックホームズ博物館

ゲンにあるライヘンバッハの滝も、世界各国のシャーロッキアンが訪れる。しかも当時の服装を着たり、中には「死闘の場面を再現」したりするファンもいるらしい。同滝はかなり僻地《へきち》にあるようで、そんな場所へコスプレしてまで行くことも、また一種の苦行であり、宗教的な熱狂にも通じるものがあると言える。

ところで、現在アニメ聖地は全国でいくつあるのか？

実は２０１４～16年にかけては統計があったが、その後はネットでも見つからないようだ。

そこで岡本健『巡礼ビジネス』（２０１８年）から２０１８年9月24日時点の「アニメ聖地巡礼ＭＡＰ」アプリに基づいたデータを引用する。作品は重複入れて１８６２作品（重複入れない場合は９９６）、地点1万２３８０点のうち東京都が６２８で断トツ1位、2位神奈川県が１８６、3位が埼玉県１０１、以下は千葉県、北海道、京都府、静岡県、大阪府、兵庫県、愛知県などと続き、少ないのは宮崎県の３、佐賀県の５、大分・愛媛・和歌山県の６などとなっている。

また、以前ニュースサイト「カトゆー家断絶」が「アニメ評価データベース さち」の年間統計をベースにしてまとめた「実在の街を舞台にするアニメはいつから増えたのか」(2016年4月8日付け)によると、深夜アニメが増えた2000年には年間アニメ数89本のうち4本(4%)だったものが、2006年から急伸し、2015年には239本中70本が「聖地もの」であったという。

筆者が実際に調査した聖地は、2016年6月に上梓した前著では、石川県金沢市湯涌温泉、石川県七尾市、富山県南砺《なんと》市城端と福野、岐阜県高山市と白川郷、北海道札幌市、宮城県七ヶ浜町、東京都千代田区と立川市、埼玉県久喜市鷲宮、和歌山県みなべ町、和歌山県御坊市、京都府京都市、兵庫県西宮市、鳥取県岩美町・琴浦町、熊本県人吉市、鹿児島県種子島、沖縄県那覇市であった。

その後新たに調査した場所は次の通りである。北海道の旭川市・網走市・釧路市・洞爺湖、青森県の青森市・弘前市と周辺、秋田県横手市、宮城県の白石市、福島県伊達市、山形県の山形市と米沢市、富山県富山市、岐阜県の飛騨市・大垣市、岡山県倉敷市、広島県の広島市・呉市・三次市・尾道市、福岡県北九州市、長崎県の福江島、佐賀県唐津市、熊本県熊本市などである。

本章では２０１５年までの取材部分は簡略化して、これら新たに現地調査したものを中心に記述する。

●北海道

まずは、北は北海道から。

88か所には『薄桜鬼 真改』（北海道函館市）、『ラブライブ！ サンシャイン!!』（北海道函館市）、『僕だけがいない街』（北海道苫小牧市）、『天体《そら》のメソッド』（北海道洞爺湖町）が挙げられている。補足すれば、札幌市が『Ｋａｎｏｎ』（京都アニメーション版）、「ＷＯＲＫＩＮＧ!!!」、その姉妹編『サーバント×サービス』、『最終兵器彼女』、さらに２０１８年には北海道の各地を聖地とする『ゴールデンカムイ』も加わった。

野田サトルによる人気漫画が原作のアニメ『ゴールデンカムイ（略称・金カム）』は、北海道の様々な場所が舞台となっている。マンガの段階ですでに網走監獄などが聖地となっていて、同所のミュージアムショップには『金カム』のマンガ本などが並べられていた。

アニメが２０１８年春と秋にそれぞれ放映されてからは、アニメイトの地元店である札幌、旭川、新千歳空港に関連グッズが置かれた。同作はアイヌ文化もテーマとなっていることから、札幌市（厚別区の道博など）、旭川市近文地区、登別市（知里幸恵銀のしずく記念館）、苫小牧市、網走市、白老町、平取町二風谷、弟子屈町屈斜路、阿寒湖、釧路市などに点在するアイヌ民族関連の場所には来訪者が増えたとも聞く。

さらに、公益社団法人北海道観光振興機構がスマホアプリによるスタンプラリーを２０１８年度後半と２０１９年度全年に展開した。ところがＳＮＳを見る限り不評のようだ。というのも、ただでさえ公共交通機関での移動が不便になっている北海道の広い地域に点在しているので「不可能だろう」という批判である。

一方、『金カム』に描かれているアイヌの風俗については、諸部族ごとの違いがあるアイヌ全体を示すものではないとの批判もある。だが少なくとも和人には知られていなかったアイヌ文化への関心をソフトな形で広げたという功績はあろう。批判と検証はまずはステレオタイプを知ったうえでのことなのだから。

大英博物館の日本マンガ展入口に立つ『金カム』のヒロイン、アシㇼパ

大英博物館外観

ちなみに『金カム』のヒロインのアイヌ少女アシリパは、大英博物館で２０１９年に開催された日本マンガ展のメインビジュアルに使われた。

アニメではないが、アニメ的なキャラクターに人気があり、アニメ周辺商品に属するものとして、音楽ソフトとそのキャラクター「初音ミク」も、ソフト制作会社クリプトン・フューチャー・メディア本社が札幌にあることから、ここを聖地としている。２０１７年６月クリプトン本社を訪ねて話を聞いた。

雪の季節バージョンで「雪ミク」というキャラクターも作られ、冬場はラッピング市電も走っています。もっとも、ミクはバーチャルなので特に地域性は考えてはいません。スマホは画像であればインスタなどできますが、動画はまだ苦手なので、ニコ動が廃れました。ただボカロは英語学習に使うなど、別の発展が見られます。

クリプトン社が札幌に存在するのは、ニコ動にアップしているイラストレーターやゲーム実況の人材が札幌にたくさんいたためです。人材が多かった理由は、冬が長く外出しない傾向があるためだと考えられます。もっとも、制作者は多くても、やはり市場は東京がターゲットになります。札幌ではライブをやろうとしても動員が見込めません。なので、以前はゲームソフト開発・販売会社のハドソンが札幌にもありましたが、東京に本社を移したのです（その後コナミに吸収）。

最初に挙げた札幌市内の『Ｋａｎｏｎ』の舞台地は、２０１３年12月に見て回ったことがある。ほとんどは市電沿線にあるが、中には市電駅から15分ほど歩く場所もあった。他のアニメとしては、日本政府の実効支配の及ぶ範囲で、一般人の行くことのできる最東端と言える、釧路市が舞台の２００６年放映アニメ『僕等がいた』がある。

２０１７年６月に釧路に訪れて聞いたところでは、同作品で地元の観光協会などがパネルを展示したことがあるが、あまりファンの活動は活発でないとのことだ。また釧路市役所がサイトに釧路がロケ地になっている映画やアニメの一覧をアップしているが、市役所によると「釧路に興味を持ってもらうきっかけであって、実際のタイアップではない」という。

また２０１６年春の『くまみこ』は主な舞台地は東北だが、ヒロインの巫女がアイヌのイメージなので、北海道でも放映中に展示会があったという。ゲーム（しかも18禁）だが『夏空のペルセウス』では最北端・稚内市宗谷岬をモデルにしており、ゲーム『風雨来記３』にも北海道各地が登場し、日本政府実効支配最東端の根室市も出てくるようだ。

●宮城県

東北地方は、全般にアニメ聖地が少ない。

88か所では、『Wake Up, Girls! 新章』（宮城県仙台市）、『艦隊これくしょん -艦これ-』（青森県むつ市〈大湊〉）、『釣りキチ三平』（秋田県横手市）、『薄桜鬼 真改』（福島県会津若松市）、『フライングベイビーズ』（福島県いわき市）、『ウルトラマン』シリーズ（福島県須賀川市＝円谷英二氏生誕の地）、『政宗ダテニクル』（福島県伊達市）が挙げられている。

『戦国ＢＡＳＡＲＡ』に登場する実在の武将・片倉小十郎にゆかりのある宮城県白石市

を2016年8月に訪れた。同市役所によると、ロケ地になっておらず、大々的には活用していないという。むしろ同市としては、クラウドファンディングで作ったオリジナルご当地キャラ「東北ずん子」を推奨し、農業とのタイアップで、畑でコスプレ大会を開催したりしている。

2008年秋アニメ『かんなぎ』は、武梨えりのマンガが原作で、作品としての評価が高かった。2011年の東日本大震災で被災した七ヶ浜町の鼻節神社などが聖地で、復興で活用できるはずだが、どういうわけか活用されていない。2012年5月に訪れた際には、神社の鳥居のところに簡単な標識があっただけで、町内のコンビニにはかんなぎグッズのコーナーもあったが、聖地として盛り上げようとはしていない。

七ヶ浜国際村には、痛絵馬やグッズが置いてあり、放映翌年の2009年にはファンが頻繁に訪れたり、震災で一部津波被害を受けた鼻節神社の修復をファンが手伝ったりしたなどの話もあったようだが……。

88か所にもなった『Wake Up, Girls!（ウェイクアップガールズ、WUG、ワグ）』は、震災復興も願って2014年冬に放映された。アニメイトでは仙台店はじめいくつかの店舗で、特設コーナーが設けられている。だが、ソフトの売上枚数も芳しくなく盛り上がりに欠ける。被災地の気仙沼市も舞台の一つで同地の神社を訪ねたが、痛絵馬も多くなかった。

●青森県

青森県では津軽地方の中心地弘前市を舞台にした『ふらいんぐうぃっち』が注目される。地元在住の石塚千尋によるマンガが原作で、２０１６年春に放送された。

青森県弘前市に存在している名所・風景などが数多く登場している。コミックス売上の８％が「青森県での売上」と報じられている。２０１６年８月に弘前市を訪れた。

弘前観光コンベンションが聖地マップを作成し、マンガ版で２０１５年３月末に１万部、同年9月にも2万部。アニメ版のマップを「チトナビ」として16年8月に1万部。また一般向けマップ（年間15万部）でも一部言及されている。

弘前市の名物「ねぷた」でも「『ふらいんぐうぃっち』キャラクターねぷたコンテスト」を実施したことがある（２０１６年）。市内の名所である藤田記念庭園内の大正浪

弘南鉄道『ふらいんぐうぃっち』ラッピング電車

ラッピング電車の車内には魔女のほうきが飾られている

『借りぐらしのアリエッティ』の舞台モデル、平川市の「盛美園」

漫喫茶室やまちなか情報センターにもマップを置いている。

弘南鉄道ではラッピングを2017年3月まで、ヒロイン声優による車内アナウンスは2016年9月まで行った。この効果で同鉄道は2016年4～5月に対前年で微増した。地元の陸奥新報にはファンの記者もおり、全面広告を展開したこともあり、市の広報誌でも15年5月と16年4月に扱った。台湾・韓国・中国でも人気があるので、そのために観光で訪れる人もいる。

弘前市の周辺にも見どころがある。ジブリ作品『借りぐらしのアリエッティ』の舞台モデルは、青森県平川市猿賀石林の日本庭園「盛美園」である。2016年8月に訪れた。見ごたえはあったが、特に聖地アピールはしていないようである。

またアニメとは関係がないが田舎館村は、田んぼアートで知られている。

青森県の南西部から秋田県北西部にかけて広がっている「白神山地」は『もののけ姫』の森のモデルとなったとされる。

●秋田県

秋田県は漫画家・矢口高雄（『釣りキチ三平』作者）の故郷ということで、横手市の「増田まんが美術館」が旧増田町の町制100周年事業として1995年に開設された。2016年8月に訪れた。

2017年に一度閉館して、改修工事を経て2019年5月にリニューアルしたようだ。筆者が訪れたときには市立図書館なども併設していたが、改修後は民間運営となり、マンガライブラリー専門とした。というのも、開館時にこそ年間13万人が来場していたが、16年には6万人に減っていたためだ。

同館の主な任務は、原画保存のアーカイブと位置付けられている。もともとは矢口から2015年に4万5000点を寄贈してもらって作った経緯もある。そこで文化庁から100％補助のアーカイブとした。マンガ家によっては原画保存に困っている人、切り売りする人も多いため、原画はほとんどが流出している。文化庁もそれに危機感を抱き、「第二の浮世絵にしないよう」積極的に協力している。宮城県石巻市の石ノ森萬画館と連携している。

●福島県

福島県伊達市は、88か所にもなったご当地アニメ『政宗ダテニクル』がある。2016年8月に訪れた。YouTubeにアップし、女性ファンが多く、阿武隈急行がラッピング車両を走らせていた。伊達家発祥1189年から政宗まで400年、さらに400年を超えた節目に制作した。原発被害も受けているので、復興の願いも込めている。

また、同作を制作した福島ガイナックスは2014年11月、福島県三春町に、老舗のガイナックスの子会社として設立され、2015年12月独立した。その後、紆余曲折を経て現在はガイナと福島ガイナに分離しているようだが、同社が存在していた2016年8月、当時の代表取締役浅尾芳宣に話を聞いた。

もともとは海外展開を見据えて、東京でなく地方人材発掘を目的にしていました。そこで最初は沖縄に目をつけましたが人材確保が困難で、さらに東日本大震災で公共施設が空いていると声がかかり、福島に開業したのです。教育旅行として小中高校生の団体見学を受け入れたり、子供とのワークショップを仕掛けてきました。

福島県ではほかに『未確認で進行形』が、郡山市を中心としている。

●山形県

高畑勲の監督作品『おもひでぽろぽろ』の舞台地が、仙山線の高瀬駅周辺となる。２０１６年8月に高瀬地区を訪ねて話を聞いた。農村地帯だが、山の向こうが仙台市太白区で、仙山線で仙台駅まで1時間である。

公民館でセル画展示イベントを行ったりしてきました。ロケハン現場となった井上家にその関連セル画20〜30枚が寄贈されたものです。

仙台三越で25周年トークショーを２０１６年6月末に開催し、同時にセル画展示もしました。ジブリは著作権が厳しいのですが、高瀬地区が舞台のものなら無償で展示できます。ただし、高瀬地区を「ゆかりの地」とは書けない決まりになっているし、セル画展示でも撮影禁止、朝晩は撤去、金庫に厳重に保管しました。来場者は1日せいぜい50人くらいと考えていましたが、14日間で１０００人を超えました。

もう30年以上続いている、「紅花まつり」では、夏の2日間に1日あたり1万人くらいの人がこの地を訪れます。しかし、紅花は開花時期が短く、さらに連作障害も激しく、1回生えると同じ場所では生えません。育てるのはかなり難しい花です。

山形県では米沢市がマンガ『アタゴオル』の作者、ますむらひろしの出身地であり、2016年8月に市内でラッピングバスを見かけたことがある。

●聖地数最大の東京都

最大の聖地数を抱えるのは東京都特に23区内である。88か所でも次の20か所が挙げられている。

『劇場版 ソードアート・オンライン-オーディナル・スケール-』（東京都）
『BanG Dream!（バンドリ！）』（東京都〈都電荒川線早稲田駅近辺〉）
『純情ロマンチカ』（東京都千代田区）
『STEINS; GATE（シュタインズ・ゲート）』（東京都千代田区）

『世界一初恋』（東京都千代田区）
『ラブライブ！』（東京都千代田区）
『デジモンアドベンチャー』シリーズ（東京都港区〈お台場〉）
『さらざんまい』（東京都台東区）
『刀剣乱舞-ONLINE-』（東京都台東区〈東京国立博物館〉）
『時をかける少女』（東京都台東区）
『三ツ星カラーズ』（東京都台東区）
『ウルトラマン』シリーズ（東京都世田谷区〈ウルトラマン商店街〉）
『秒速5センチメートル』（東京都世田谷区）
『バケモノの子』（東京都渋谷区）
『THE IDOLM@STER』（東京都中野区）
『アクセル・ワールド』（東京都杉並区）
『冴えない彼女《ヒロイン》の育てかた』シリーズ（東京都豊島区）
『デュラララ!!』（東京都豊島区）

『デジモンアドベンチャー』（東京都練馬区）
『ルドルフとイッパイアッテナ』（東京都江戸川区）

この中では、最大のヒット作として『ラブライブ！』が挙げられるだろう。舞台は秋葉原近辺と設定されており、もともと秋葉原に氏子が多い神田明神が「聖地」とされる。神田明神にはアニメファンたちによる痛絵馬の絵馬掛けが合計６面もある。筆者が２０１１年２月に最初に訪れたときには絵馬掛けは２面しかなかったが、２０１６年ごろまでに年々増えた。だがその後は少し減っているように思える。

神田明神で２０１６年３月に話を聞いた。

当神社はもともと盛り場で、秋葉原の店や読売巨人軍も氏子となっていることから、ゆるキャラ、着ぐるみなどに寛容な気風があり、職員も面白がっていました。人も変化しますので、持続のための変容が必要だし、伝統とは作っていくものだと考えています。『ラブライブ！』は、絵馬とお守りだけが神社とコラボで、神田まつりの山車は神社とは関係なく、「附け祭」だけの展開。附け祭とは本祭とは別に「当時流行した能や浄瑠璃などを題材に取り入れ、踊屋台や曳き物、仮装行列で表現した」ものです。今でもアニメのキャラのほか、花咲か爺さん、浦島太郎、相馬野馬追《そうまのまおい》騎馬武者10騎などの出し物があります。

神社庁は、こうしたポップカルチャーには柔軟で、東京都神社庁もポスターに「THE IDOLM@STER（アイマス）」を使用したことがある。

●東京都23区外

東京都立川市とその周辺を舞台地とするものに、88か所にも挙げられた『とある科学の超電磁砲《レールガン》』と『とある魔術の禁書目録《インデックス》』（ともに東京都立川市）がある。前者は後者のスピンオフ作品だが、後者よりも人気がある。

両者を地域振興に活用するための「とあるアニメの連絡会」が結成された。立川市役所、商工会議所、観光協会が事務局となって、立川市商店街振興組合連合会、多摩信金、多摩都市モノレールなど、立川・多摩地方の自治体や地域団体が加盟し、アニメとタイアップしたイベントや仕掛けが展開されている。

２０１６年8月に立川商工会議所で聞いたところでは、「とある」キャラを配した自販機はその時点で市内の12か所に計13台設置されているという。

２０１５年には声優のファンミーティングも開催、スタンプラリーでは２０００部×10ピースを印刷し、コンプリートに賞品と決めた。当初コンプリートは１０００人あまりと予想したが、実際には３～4倍も来た。グッズはリスクも生むし、収益増も期待ほどあるわけではないが、ファンサービスとして重要だ。

ちなみに立川市にある映画館、「立川シネマ・ツー」は全国有数の爆音効果で有名、ガルパンやマッドマックスのロングラン上映館としてこれらの聖地にもなっている。

アニメ制作の裏話が盛り込まれた『ＳＨＩＲＯＢＡＫＯ』は、88か所に選ばれているが、アニメ制作会社が多い武蔵野市などが主な舞台になっている。

アニメ映画『秒速5センチメートル』は、監督の新海誠から直接伺ったところでは、背景はＪＲの車窓とか東京都内で見られた何気ない光景を取材したらしい。

『CLANNAD』の主な舞台地は東京の多摩地方である。ちなみに舞台モデルは、灘高校と並ぶ日本一の進学校・筑波大学附属駒場高校だとされている。

　ジブリの『となりのトトロ』の舞台モデルは、埼玉県所沢市から東京都東村山市にかけて広がる狭山丘陵と言われている。

　また『耳をすませば』の舞台モデルになっているのは、京王線沿線の聖蹟桜ヶ丘駅付近から多摩ニュータウンにかけての風景とされる。比較的訪れやすいことから、ロケ地巡りではポピュラーな聖地である。

新海誠氏（左）と筆者。2012年7月、パリ空港にて

23区外の88か所としてはほかに『ゲゲゲの鬼太郎』（東京都調布市）、『デート・ア・ライブ』（東京都町田市）、『薄桜鬼　真改』（東京都日野市）、『ケロロ軍曹』（東京都西東京市）が挙げられている。

●埼玉県鷲宮

埼玉県も比較的聖地が多いところである。

その代表格は、久喜市鷲宮地区が舞台で88か所入りしている『らき☆すた』である。アニメ聖地巡礼を地元商店街が活性化に活用したほぼ最初の例でもあるとされ、「アニメ聖地巡礼」の話が取り上げられるたびに言及される。実際アニメ聖地となった他地域の自治体などからも、聖地巡礼活用策について相談を受けている、いわばモデルケースとなっているようである。

筆者は、2015年9月に久喜市商工会鷲宮支所を訪れた。商工会の事務所そのものが、『らき☆すた』仕様になっていた。壁一面にポスターが張られ、いたるところにグッズが置かれていた。

とはいえ、その後は鷲宮神社にかけられていた痛絵馬の数も減少しており、聖地巡礼を活用したアニメ地域振興のモデルケースである鷲宮と言えども、放映終了からの時間経過とともに風化しつつある。

●埼玉県秩父市

埼玉県秩父市の西武秩父駅と秩父鉄道の御花畑駅周辺は、88か所にある『あの日見た花の名前を僕達はまだ知らない。（あの花）』の舞台となった。またその続編の『心が叫びたがってるんだ。（ここさけ）』も秩父市を中心に横瀬町も聖地である。

ここは『あの花』放映以前から「秩父アニメツーリズム実行委員会」が行政を中心に結成されているところだ。２０１１年４～６月の放映を受けて、アニメファンが増えたので、秩父市では同年７月に聖地巡礼マップを作成した。

また龍勢《りゅうせい》祭りは埼玉県秩父市のかなり山奥にある下吉田にある椋《むく》神社の例大祭に合わせて行われる祭りで、毎年10月第二日曜に開かれている。２０１１年の『あの花』放映からはアニメとのコラボ龍勢（手作りロケット）も発射された。

秩父は何度か訪れた。2014年には観光案内所に『あの花』の交流ノートやポスターなどが多数配置されていたが、2015年には量がずいぶん少なくなっていた。さすがに徐々に風化しているようである。

埼玉県は、県庁が自治体としては初めてアニメを観光資源として活用する政策に乗り出したところでもある。

88か所はほかにも『神様はじめました』（埼玉県川越市）、『月がきれい』（埼玉県川越市）、『ヤマノススメ サードシーズン』（埼玉県飯能市）、『冴えない彼女《ヒロイン》の育てかた』シリーズ（埼玉県和光市）がリストアップされている。また、『レーカン』『浦和の調《うさぎ》ちゃん』『グリザイアの果実』『そにアニ』『のんのんびより』の聖地でもある。

通称「アニ玉祭」と呼ばれる「アニメ・マンガまつり in 埼玉」は、埼玉県さいたま市にて2013年から開催されているマンガ・アニメ関連のイベントで、自治体のサブカルイベントとしては一番有名かもしれない。1回目の2013年10月19・20日で6万人を集めた。

埼玉県内に聖地がある超人気作品として『ソードアート・オンライン（ＳＡＯ）』があるが、仮想現実的なゲームを舞台とするＳＦファンタジーなので、地域とは結びつきにくい。

●茨城県

茨城県は、大洗町を舞台にした『ガールズ＆パンツァー（ガルパン）』が突出している。88か所には劇場版の『ガールズ＆パンツァー　最終章』が挙げられている。この『ガルパン』こそがアニメ地域振興としては最大の成功例であると考えられる。

大洗はもともと海水浴場として知られていたが、２０１１年3月の東日本大震災で津波が押し寄せ、大きな損害を被った被災地の一つでもある。震災復興も兼ねて、町を挙げてガルパンに取り組んでいる。一般的には行政や地元が前面に出て積極的にアニメを売り出すと、ファンはシラケるものだが、大洗町の場合は被災地であること、漁師町の共同体が残り、外部者も積極的に受け入れる風土が、大都市のファンたちにとって一種の癒しとなっているためであろう、地元が盛り上げながらもファンからの共感も得ている、稀有な例となっている。

２０１５年８月20日から21日にかけて地元民宿に宿泊し、取材して回った。旅館「肴屋本店」の若旦那がキーパーソンの一人であり、旅館そのものも一番の聖地である。

また、毎年11月に地元恒例行事として行われている「大洗あんこう祭」もガルパン声優が登壇するため、ファンが訪れる。震災以前は３〜４万人で推移していたが、ガルパン以降に６万人、２０１４年には10万人を超えた。筆者は２０１５年11月15日に開かれた「大洗あんこう祭」を実際に見た。声優トークイベントもある主会場はマリンタワー近辺だが、各商店街でも特設テーブルを設けて、あんこう解体ショーや「あんこう汁」などが振る舞われた。

●千葉県

千葉県は、88か所としては『俺の妹がこんなに可愛いわけがない』（千葉県千葉市）、『やはり俺の青春ラブコメは間違っている。（略称・俺ガイル）』シリーズ（千葉県千葉市）が挙げられている。これ以外には千葉県流山市は『普通の女子校生が【ろこどる】

やってみた。（ろこどる）』、佐倉市、習志野市、津田沼市が『きんいろモザイク』とその2期の聖地である。

一方、千葉県最南端安房地方の鴨川市は、『輪廻のラグランジェ（ラグりん）』の聖地として知られる。

ラグりんはＮＨＫで批判されたことで知られる。ＮＨＫ総合テレビ『クローズアップ現代』２０１２年３月７日の「アニメを旅する若者たち〝聖地巡礼〟の舞台裏」で、各話のタイトルや作中で「鴨川」が連呼されたことについて、「あざとい」などとネットで酷評されたことを紹介し、「聖地化に失敗したアニメの典型」のように伝えられた。

２０１５年８月22日に実際に鴨川市を訪れてみたところ、鴨川市役所は「ＮＨＫのクローズアップ現代でのマイナス報道は痛手だった。それで離れたファンもいたが、残ったファンは確固として作品と鴨川市を愛してくれるので、むしろ意識という意味で質が上がったと言え、大事にしたい」と話していた。

●神奈川県・栃木県・群馬県の聖地

神奈川県は聖地の数自体は多い。88か所には次の10作品が挙げられている。

『文豪ストレイドッグス』（神奈川県横浜市）
『艦隊これくしょん-艦これ-』（神奈川県横須賀市）
『ハイスクール・フリート』（神奈川県横須賀市）
『Just Because!』（神奈川県藤沢市）
『青春ブタ野郎はバニーガール先輩の夢を見ない』（神奈川県藤沢市）
『TARI TARI』（神奈川県藤沢市）
『つり球』（神奈川県藤沢市）
『刀使ノ巫女』（神奈川県藤沢市）
『エヴァンゲリオン』シリーズ（神奈川県箱根町）
『弱虫ペダル』（神奈川県箱根町）

このほかには、ジブリの映画『コクリコ坂から』が横浜市、『侵略！イカ娘』は鎌倉市（特に由比ガ浜）と藤沢市（特に江の島）が舞台である。

栃木県はアニメ聖地が少ないが、『秒速5センチメートル』（栃木県栃木市）、『未来日記』が鬼怒川温泉近辺、『ヨスガノソラ』が足利市に取材している。

群馬県は、『惡の華』が桐生市、『日常』が伊勢崎市と、癖の強い作品の舞台になっていたが、2018年冬の大ヒット作『宇宙《そら》よりも遠い場所（よりもい）』はかつて「日本一暑い」とされた館林市が舞台だ。作品に魅了された市民有志が「巡礼マップ」や公式グッズの製作に奔走、放送終了から約2年が経過した今も「聖地巡礼」に訪れるファンがあとを絶たないという。

●長野県

長野県は県の面積の広さもさることながら、大都市圏以外では聖地が比較的多いところでもある。

この中で特筆すべきなのは、88か所にある『おねがい☆ティーチャー（おねてぃ）』およびその続編の『おねがい☆ツインズ』である。2002年冬期に放映された『おねてぃ』は、聖地巡礼の発祥であるとされている。

これが放映された当時、風景の舞台となった大町市木崎湖キャンプ場にはファンたちが押し寄せた。ファン主導であることを尊重する意味でも、当時まだまだマイナスイメージが強かった「オタク」という呼び方ではなく、地元民は「おねてぃさん」と呼ぶことにした。

筆者は２０１５年２月15〜16日にここを訪れて民宿に一泊した。海ノ口駅には巡礼ノートの最新巻だけ設置されていて、バックナンバーは海ノ口駅から徒歩10分くらいのところの商店「縁川商店」こと「Ｙショップニシ」に保管・展示されている。おねてぃに頻出した木崎湖周辺は聖地で、キャンプ場がファンのたまり場となっている。

また、おねてぃの制作スタッフが関わった姉妹編とも言えるアニメ『あの夏で待ってる（なつまち）』は88か所の一つで、小諸市が聖地になっている。

２０１４年５月に訪れたところ、ＪＲ小諸駅の待合室には『なつまち』のポスターやポップなどが立ち並んでいた。駅近くにある観光案内所にはひっきりなしにアニメで小諸を知ったという若者が訪れていた。

「なつまちおもてなしプロジェクトチーム」が２０１２年１月ごろに立ち上げられた。

同年夏には商工会議所でカードラリーを開催、７０００枚が配布された。さらに駅通りでの市民まつりにラッピング鉄道とアニメイベントをコラボさせたところ、小諸史上初めてかというほど、４０００人くらいの人が集まった。

『なつまち』は祭りとの親和性が高く、ファンが「連」を作って参加している。なつまちの連は２０１２年には30人、13年に80人、14年には１２０人とどんどん増えている。

なつまちのファンのたまり場は、市内の喫茶店「珈琲こもろ」である。

88か所ではほかに『長門有希ちゃんの消失』（長野県長野市）、『サマーウォーズ』（長野県上田市）が挙げられている。

『君の名は。』の糸守湖は諏訪湖だとされている。

ほかには、麻雀アニメ『咲-Ｓａｋｉ-』が長野市、塩尻市、飯田市など長野県各地が主な舞台となっている。『極黒のブリュンヒルデ』は松本市、『世紀末オカルト学院』は長野市の善光寺、長野市松代地区が舞台となっている。『エヴァ』の「第2新東京市」は松本市、『ヱヴァンゲリヲン新劇場版：破』は長野市松代地区がそれぞれ舞台モデルになっている。

ただし長野県全体、特に長野市はアニメなどのコンテンツを地域振興に活かそうとする意識は弱いという指摘がある。長野市の「ながのコンベンションビューロー」のフィルムコミッション担当者は、長野県には善光寺という大きな存在があり、実際年間1200万人の観光客が来るので、「コンテンツに頼らなくても」という意識が強いと言う。

●新潟県

さて北陸地方であるが、「北陸地域」の範囲は不確定である。

富山・石川・福井の三県が通常「北陸」と呼ばれるが、新潟県を含む場合もある。文化的には新潟県佐渡島は石川県とつながりが深いし、気候についてであれば、高山市を中心とする岐阜県飛騨地方も北陸だと言える。

ここでは、新潟県と岐阜県飛騨地方も「北陸地域」に含めることにする。

新潟県にはアニメ作品の主な舞台が見当たらない。その代わり、新潟市に行くと、「マンガのまち」をアピールしていた。それは新潟県からは漫画家が数多く輩出されているためだ。

漫画家の出身地では上位に東京、北海道、大阪、神奈川、福岡と大都市圏が並ぶ中、人口比では新潟県が突出しているという。赤塚不二夫、高橋留美子が代表的だ。そしてアニメにおいても監督クラスでは長井龍雪（アニメ演出家・監督）、山賀博之（アニメ監督、GAINAX代表取締役社長）、近藤喜文（監督）が新潟県出身だ。

新潟市では「にいがたマンガ大賞」「にいがたアニメ・マンガフェスティバル」が開催されており、「新潟市マンガ・アニメ情報館」が2013年5月2日に開設、「新潟市マンガの家」もある。筆者は2014年3月に新潟市を訪れたが、「情報館」のほうは展示がかなり充実していた。両方とも88か所に挙げられている。

●富山県

富山県には石川県寄りにある南砺市城端地区にアニメ制作会社P.A.WORKS（ピーエーワークス、PA）がある。ここは東京以外の地方にあるアニメ制作会社としては京都府宇治市にある京都アニメーションとともに有名で、背景がきれいなことで定評がある制作会社である。このため、富山県と石川県には、PA絡みでいくつか人気作品の聖地がある。

88か所では『true tears（トゥルーティアーズ、ｔｔ）』（富山県南砺市）が入っている。放映年が２００８年と古く、地味な作風だったが、ファンが少ないながらも根強い人気を誇り、いまだに南砺市にはいろんなファンの足跡が見られる。

ｔｔの人気を背景に、南砺市が観光客の誘致を目的に、ＰＡに委託してスマホで見る短編アニメシリーズ『恋旅～True Tours Nanto（こいたび トゥルーツアーズ なんと）』も製作され、２０１３年４月28日から公開された。

同じくＰＡ制作としては、綾辻行人原作の同名小説をアニメ化した『Another（アナザー）』が南砺市周辺が聖地となっている。中でも中心となったのが、県立南砺福野高校にある巌浄閣《がんじょうかく》という明治建築で、国の重要文化財である。２０１３年のゴールデンウィーク期間に『Another』のアニメ原画展もここで開かれた。

ＰＡ作品では、『クロムクロ』が、立山黒部アルペンルートを舞台にしている。その一部を結ぶ鉄道バス会社、立山黒部貫光と連携して記念切符が発行されたりした。聖地巡礼マップは富山県が２０１６年８月に発行した。２０１６年10月に富山県庁に確認したところでは4万部。県、PA、富山地方鉄道の連携で制作した。

　PAは何度か訪ねているが、もともとは城端の中心部に本社があったが、2016年に東海北陸自動車道城端サービスエリアに隣接する桜ヶ池ハイウェイオアシスに本社を移転した。その年の10月に見学したことがある。試写会を上映するホール、社員がランチもとれる150席のカフェなどを完備していた。PAは東京以外にあるアニメ制作会社として、京都アニメーションと同じく社員の福利厚生や待遇向上に力を注いでいる。

　南砺市長の田中幹夫によると、アニメスタジオを核として、SA周辺を観光地化することを考えたという。

　また別の制作会社（しかも3期は変更）による『ゆるゆり』は、漫画の原作者が富山県高岡市ということで、高岡市が聖地だと考えられている。

　88か所に選ばれている『おおかみこどもの雨と雪』は、監督の細田守の出身地であり、立山連峰にも近い富山県上市町などが舞台になっている。

　施設としては、富山県氷見市にある氷見市潮風ギャラリー（藤子不二雄Ⓐアートコレクション）が88か所に挙げられている。

２０１９年９月に公開された住野よる原作小説の『劇場アニメ　君の膵臓《すいぞう》をたべたい（キミスイ）』の舞台は富山県高岡市をモデルとしている。

富山県が発行する観光情報誌『ねまるちゃ』２０１８年秋号は『キミスイ』を表紙にするとともに、聖地マップを制作、配布した。

富山市にある「高志《こし》の国 文学館」は、富山県ゆかりのマンガ家の作品も展示され、ときどき漫画の企画展も開催している。たとえば２０１４年夏には「おわら風の盆」をテーマにした企画展が行われ、小玉ユキによる富山市八尾を舞台にした『月影ベイベ』の原画も展示された。２０１６年10月に調査したところでは「マンガ・アニメ・映画も文学としてとらえている。クリエーターを支援する意味もある」とのことだった。

●石川県

石川県内ではまず、88か所に選ばれた『花咲くいろは（花いろ）』が特筆されるであろう。

『花いろ』の背景モデルは、金沢市・湯涌温泉街および七尾《ななお》市中島町外《なかじままちそで》に位置する「のと鉄道」西岸駅である。あくまでも「モデル」であって、位置関係は実態とは異なっているが、風景は作中でほぼ忠実に描写されている。

「喜翠荘《きっすいそう》」のモデルとなった「白雲楼ホテル」（1932年開業）は、バブル崩壊後1990年代の客足の急減により98年には営業停止し、老朽化や放火の恐れなどを理由に空き家となった建物も2006年に解体・撤去された。

しかし『花いろ』は湯涌温泉街の状況を一変させた。アニメが放映された2011年は、東日本大震災の影響もあって、国内の多くの温泉街で入込客数の前年比マイナスが多かったが、湯涌温泉だけは全国でも珍しい前年比プラスとなった。

白雲楼なき今、アニメに登場したモデル旅館としては、主人公のライバル旅館「福屋」のモデルとなった「秀峰閣」があったが、ここも2018年3月に廃業となった。

作中登場する鉄道駅「湯乃鷺駅」のモデルは、七尾市中島町外にある、のと鉄道西岸駅である。ここは無人駅で作品の舞台モデルになるまではまったく無名の駅だったが、放映後はファンが押し寄せた。のと鉄道は、車両が全部で6両しかなく、便数も1時間にほぼ1往復だけ。だが6両のほとんどに「花いろ」やその他のラッピングを施しており、さらに貸し切りのツアーなども積極的に受け入れている。

さらに重要なのは、作品に登場した架空の「ぼんぼり祭り」を実体化した点である。第1回の「湯涌ぼんぼり祭り」は２０１１年10月9日日曜日、湯涌温泉で開かれた。その後も毎年1回ほぼ同じような時期に継続されている。入込客数も、アニメ自体の仕掛けが続いた第1回の５０００人から、２０１５年の第5回には1万４０００人とうなぎのぼりに増えた。

落語の「目黒のさんま」から東京・目黒の商店街が「目黒のさんま祭り」を作ったように、この「湯涌ぼんぼり祭り」も創作物から実体化された稀有な例の一つである。『花咲くいろは』のプロデューサーを務めた永谷敬之は、２０１４年の第4回ぼんぼり祭り「お焚き上げ」に先立つ挨拶で、「１００回続けたい」と述べた。地元宿泊業者たちも「アニメは風化するが、祭りは地域のものとして続けたい」と意気込んでいる。

ちなみに金沢では同じＰＡ作品の中でこれまでで最もソフト売上が多かった『Angel Beats!（エンジェル・ビーツ、ＡＢ）』が、金沢大学角間キャンパスをそのまま再現している。２０１１年9月に同大学で開かれた精密工学会秋季大会の告知ポスターで描き下ろしイラストが使われた。しかし物語の設定が「死後の世界」ということで、聖地として盛り上がらないようだ。

88か所として2020年に新たに登場したのが石川県小松市を主な舞台とした『ガーリー・エアフォース（GAF）』（2019年冬）である。原作は夏海公司の架空戦記ものラノベであり、キャラは実在の戦闘機や航空機の適合機体として登場する。

航空自衛隊小松基地が全面的に協力し、2018年9月の「小松基地航空祭」ではトークイベントが開催され、司会は現役2等空尉、ヒロインでグリペン役声優の森嶋優花が登壇した。2019年春には小松市内のスタンプラリーも開催された。

これを聖地として盛り上げようとしているのが、小松市の中出精肉店である。店内にはグッズなどが飾られ、さらに小松基地にあやかった特製唐揚げ「小松基地空上げ」も巡礼客には人気だという。

ただし小松市役所は、いまひとつ消極的である。JR小松駅前のこまつ芸術劇場うら内にある「こまつふれあいショップぶっさんや」と、小松空港にそれぞれパネルが一体ずつあるだけである。反基地派に配慮しているのか、原作ラノベなども推奨しない姿勢を取っている。

また、輪島市の「永井豪記念館」も88か所に選出されている。

●福井県

福井県を舞台とした作品もいくつかあるが、残念ながらあまり人気が出なかったものが多い。

たとえばPAによる「北陸青春三部作」とされた『グラスリップ』。坂井市三国町の白山神社、喫茶店のモデルとなったあわら市の「cafeコトノハ」など、一通り見て回ったことがあるが、それほど盛り上がったとは言えない。

百人一首かるた大会をテーマにした漫画原作の『ちはやふる』は全国に舞台地が散らばっているが、主要人物の綿谷新《わたやあらた》の出身地という設定になっているあわら市の芦原温泉地区が地域振興に活用している。2014年6月からは「ちはやふるweek in あわら」が行われ、声優イベントが何度か開催されており、2015年からは通年行事となっている。

『中二病でも恋がしたい！』の主な舞台地は滋賀県大津市であるが、三方五湖で知られる福井県美浜町も聖地になっており、無人駅の美浜駅ホームの待合室には、ポスターや巡礼ノート類が置かれている。

●飛騨高山

ここでは北陸地域として扱う岐阜県飛騨地方では、『氷菓』が有名である。高山市の各所がそのまま再現されており、聖地巡礼対象としては十指に入る人気がある。

最初は高山市一番の観光地さんまち通りの商店が「巡礼マップ」を作成したが、その後市役所観光課が継承し、２０１２年から公式マップを発行している。

２０１２年度の２万部を皮切りに２０１５年度までに累計10万部になった。コストは合計でおよそ１００万円という。

市内では一番の観光スポット、さんまち通りにある「喫茶去《きっさこ》かって」（作中の「喫茶一二三」）、その周辺にある喫茶店「バグパイプ」、アンテナショップ「まるっとプラザ」の氷菓交流コーナーにそれぞれ交流ノートが置かれている。

高山市の喫茶店「バグパイプ」

「バグパイプ」の入口

「喫茶去かつて」

アニメ最終話に登場した「飛騨生きびな祭り」は「飛騨一宮水無神社《ひだいちのみやみなしじんじゃ》」で毎年4月3日に開かれている。神社名は地元では「すいむ」と呼ばれることが多い。２０１３年に開催の第62回「飛騨生きびな祭り」では、アニメ版とのコラボが行われ、アニメキャラを使った特製ポスターも作られた。実写版も２０１７年11月３日公開された。

さらに、２０１６年８月にはメガヒットとなった『君の名は。』の舞台モデルの一つが隣の飛騨市古川町ということもあって、多数の宿泊施設を抱える高山市の人気は高まった。

２０１７年10月14～15日に高山市の『氷菓』聖地となっている「喫茶去かつて」、「バグパイプ」、ポスターなどを展示する「中田中央薬品」、氷菓コーナーがある飛騨高山アンテナショップ「まるっとプラザ」などを回ったところ、『君の名は。』効果で『氷菓』のリバイバルが感じられた。

「かつて」の主人は『君の名は。』目的が8割方だったと言う。バグパイプの巡礼ノートでは、国内だけでなく、海外からの訪問者も目立つ。ウクライナなど世界各地から来ているが、やはり主力は台湾・韓国で、最近は中国が増えていた。

『君の名は。』の糸守町は飛騨地方の飛騨市古川町がモデルだとされている。

そのため、映画公開後、聖地巡礼客が大挙して古川を訪れた。２０１８年８月14日の日経新聞報道によれば、公開から２０１８年７月までの２年間で累計13万人。２０１７年は飛騨市全体で１１３万８５２人（前年比12・４％増）となったという。

舞台モデルの一つとなった飛騨市図書館には２０１６年８月〜２０１７年12月で累計10万９７３０人が訪れ、スマホで館内の写真を撮るという現象が日常化した。市役所によると、ピークは円盤（ＤＶＤなど）が発売されたあとの２０１７年８月だったという。

筆者が２０１６年10月と２０１７年10月に訪れた際には、市役所の駐車場には東京や金沢ナンバーなどの車も並んでいた。

主な巡礼地は図書館、飛騨古川さくら物産館で、熱心なファンは３時間に１本しかバスが来ない落合バス停も訪れるという（ただし市側は付近住民に迷惑になるので控えてほしいとのこと）。物産館は作品の場面などもパネル展示されている。当初飛騨古川駅のロビーにはなんのパネルもなかったが、アニメに合わせて『ひだくろ』のパネルが置かれるようになった。図書館には２０１６年に特別コーナーも設けられた。

古川町民はもともと祭りが好きなので、訪問者を受け入れる気風があるという。いくつかの料理店は、登場人物にちなむうどんなどをメニューに加えている。まちなかには市が絵馬掛けも設置した。ラッピングバスは２０１７年度いっぱい運行された。

飛騨地方が舞台のアニメとしては、岐阜県大野郡白川村（いわゆる白川郷）が舞台で、ゲームからアニメ化された『ひぐらしのなく頃に』がある。白川八幡神社は、作品中の

飛騨古川さくら物産館

飛騨古川駅からホームを望む

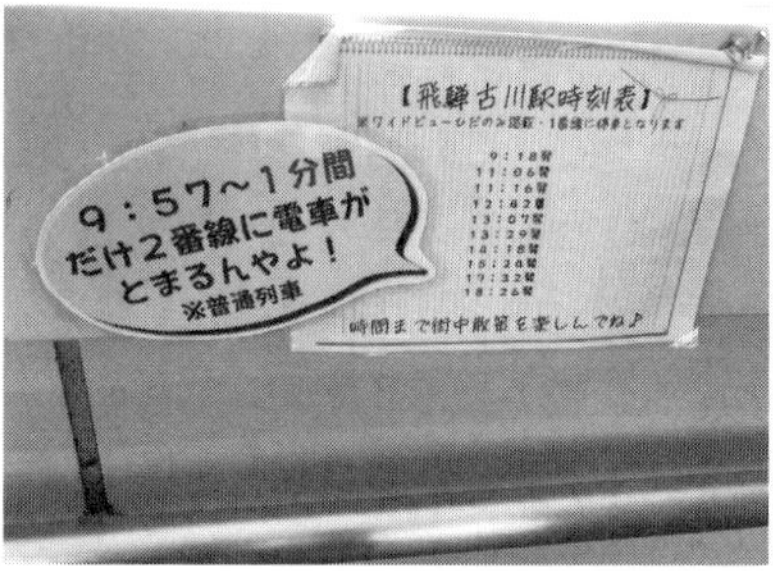

撮影タイミングを示す表示

飛騨市図書館

図書館内の掲示

古手神社のモデルと言われている。筆者も2013年5月に訪問したところ「痛絵馬」が多かった。ただし内容が連続怪死・失踪事件という凄惨な話を含むためか、地元民には忌避する人も多い。

飛騨古川からさらに北の富山との県境には「飛騨まんが王国」という市営の宿泊施設がある。1994年、廃業したスキー場跡に地域おこしを目的に旧宮川村が開設、全国の漫画愛好家から寄贈された漫画本4万冊が開架で収蔵されている。また、賢プロダクション付属の声優養成所・スクールデュオが毎年夏に本施設で合宿を行っている。2015年はでんぱ組.incとコラボしてライブも行われた。

●岐阜県大垣市「聲の形」

岐阜県のついでに東海地方に属する美濃地方も。88か所は『信長の忍び～姉川・石山篇～』(岐阜県岐阜市)、『ルドルフとイッパイアッテナ』(岐阜県岐阜市)、『刀使ノ巫女』(岐阜県関市)。

だが、ここではやはり2016年の話題作『映画　聲の形』の舞台地大垣市を挙げるべきだろう。とはいえ、原作漫画および映画の評価の高さのわりに、聖地としてはそれほど盛り上がっていない。

２０１７年10月30日に「奥の細道むすびの地記念館」にある大垣観光協会に話を聞いた。

映画版では、市内のスポットである美登鯉《みどり》橋が頻繁に登場するのでスタンプラリーポイントにしたかったが、構造的に無理だったとのこと。

マップは漫画版で２０１５年11月に５０００部、追加で３万部、映画は最初はミニ速報版として２０１６年７月から１万部、プロモ用画像を使ったVer.2を１万部出した（その後は追っていない）。

アニメでは養老駅はそのままで、大垣駅が名前を変えて登場し、養老鉄道はクリアファイルと記念切符を出した。公開直後は公園や美登鯉橋には若者が以前より増えた。

そこで２０１７年４月２日に市主催で声優を呼んだアニメフェスティバルを開き、駅前商店街なども記念事業を行った。もっとも大垣としては「聖地」という言葉を使わず、「舞台ガイド」としている。

美登鯉橋（第2章扉の写真とは別アングル）

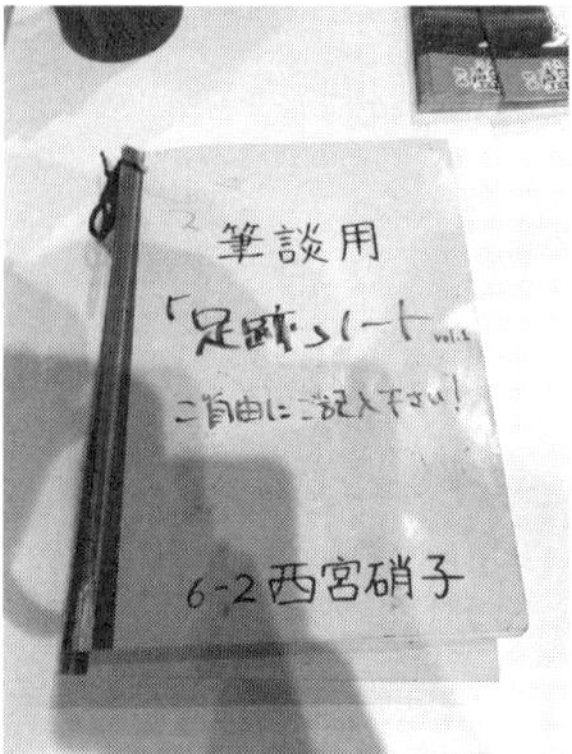

『聲の形』巡礼ノート

奥の細道むすびの地記念館にある『聲の形』パネル

ただし聖地としてそれほど盛り上がっていない。なぜなら主人公の行動範囲が狭く、ランドマークもほとんど出てこないからだ。町の店は床屋くらいで食堂が出てこない。病院や小学校ではあまり聖地として特徴がない。かろうじて「チーズケーキプリンセス」は店長の子供がアニメーターということで、熱心なファンが訪れるくらいだ。そういう意味で追体験する場所がないため、聖地としては盛り上がりに欠ける。

ちなみに『映画　聲の形』は国内でも評価は高く、興行収入も23億円とアニメ映画では上位に位置する。だが、むしろさらに高い人気を誇ったのは台湾と韓国であった。いじめも一つの主題となっているので、校内いじめ問題が深刻化している両国で共感されたのであろう。両国では封切から行列ができたという。その余波からか台湾では一部保護者団体などによる「聴覚障碍者を商品化しているから上映禁止にしろ」との署名運動も行われた。上映禁止にはもちろんならなかったが、逆に言えば影響力の高さを物語る。

●岐阜県・山梨県・愛知県・三重県・静岡県

他のアニメでは『僕は友達が少ない（はがない）』は岐阜市が聖地である。だが筆者が2015年12月に訪れたときは、そこで盛り上がっている痕跡は確認できなかった。

また『のうりん』は岐阜県美濃加茂市が主な舞台であり、加茂農林高校がモデルである。元校長から聞いたところではファンが同高校の周囲に出没しているようだ。

岐阜県美濃地方を除く東海地方は聖地が少ない。

山梨県は首都圏から近いわりには、アニメ聖地がほとんどないと言ってよい。

愛知県は、88か所で『八十亀ちゃんかんさつにっき』（愛知県名古屋市）が選ばれている。

三重県は近畿に含めるべきかもしれないが、88か所になっている『凪のあすから』は舞台地が熊野市あたりに点在しているとされている。ただし制作会社のPAは公式には認めていない。

しかし静岡県は比較的多い。特に超ど級とも言えるのが『ラブライブ！サンシャイン!!』（静岡県沼津市）であろう。これは若者人気が高い『ラブライブ！』の続編であり、沼津では大変な盛り上がりだというが、残念ながら筆者は未踏である。

また88か所では『ガヴリールドロップアウト』（静岡県浜松市）、『あまんちゅ！』（静岡県伊東市）が挙げられている。それ以外では『夏色キセキ』（下田市）、『苺ましまろ』（浜松市）がある。また『氷菓』も、ヒロインが住む豪邸のモデルが静岡県掛川市の「庄屋屋敷 加茂荘《かもそう》」とされる。

●滋賀県

東海地方と比べれば近畿地方は、聖地が多い。

滋賀県はとかく京都府に隠れてしまいがちで、数こそ多いとは言えないが、人気作品の聖地がいくつかある。

『中二病でも恋がしたい！』と『ちはやふる』は、大津市が主な聖地である。そこで大津市を走る京阪電車はこの二作品それぞれをラッピング車両にした。筆者は2014年5月17日にその両方を目撃している。

滋賀県では豊郷町に、社会現象になった超人気アニメ『けいおん！』で主人公たちが通う高校の建物のモデルとされる豊郷小学校旧校舎が存在する。筆者は2014年11月23日に同地を訪れた。3階の音楽室は、まさに『けいおん！』の放課後ティータイム部室仕様になっており、机の上にケーキやカップの模型、黒板には一面にファンたちの様々な書き込み、そして巡礼ノートが束になっていた。

●京都府

京都市は、一大観光地であることから、アニメ聖地は多い。

88か所でも、施設として『京都国際マンガミュージアム』（京都府京都市）のほか、アニメ作品では『いなり、こんこん、恋いろは。』（京都府京都市）、『有頂天家族2』（京都府京都市）、『薄桜鬼 真改』（京都府京都市）、『艦隊これくしょん -艦これ-』（京都府舞鶴市）、昔なつかしの『一休さん』（京都府京田辺市〈酬恩庵一休寺〉）が挙げられている。

また、京都府宇治市には、人気が高い制作会社・京都アニメーションの本社やスタジオ群が存在する。

『けいおん！』は、主人公たちが住んでいる家、通っている高校が京都にあると思《おぼ》しき設定であり、よく登場する風景は、京都府京都市左京区松ケ崎、修学院駅など、京都でもわりと高級住宅街として知られているところであったり、楽器店は三条通りにある「JEUGIA」をモデルにしている。

伏見稲荷大社を舞台にした『いなり、こんこん、恋いろは。（いなこん）』だが、同稲荷はもともと海外客にも人気がある一大観光スポットである。２０１４年５月に訪れたところ、神社周辺の商店街でポスター類は見かけたが、完全に埋没していた。だが岡本健らによると、毎日のようにファンが訪れて作中の風景を探し当てて撮影していたり、主人公の中学校制服のコスプレで来ていたりしたという。

やや古いところでは『地獄少女』における神社のイメージは伏見稲荷だとされる。『薄桜鬼』は幕末の京都が舞台、また京大生をモデルにした『四畳半神話大系』も京都が舞台である。時代劇アニメ『へうげもの』も京都が舞台に登場する。

京アニの所在地近辺の宇治市を舞台にした『響け！ユーフォニアム』も続編やスピンオフが作られる人気作品で、これを目当てにした巡礼者は多いという。

日本海側の舞鶴市には２００５年に放映され、作画の精巧さから京アニの名声を確立した作品である『ＡＩＲ』の舞台地がある。

京都市上京区の出町桝形商店街は、京都市の中では比較的無名で、観光客がほとんど訪れないスポットだ。ここは二つのアニメ作品が連続して舞台にした。『たまこまーけっと（たまこま）』と『有頂天家族』である。しかも前者は京アニ制作、後者はPA制作と、アニメファンの人気を二分する、地方にある人気制作会社によるものであり、しかも放映時期も前者が2013年冬、後者が2013年夏と近接した時期だった。

『たまこま』では、ファン有志と商店街の協力でファン交流ノートが設置されたりした。だが直後に『有頂天』が放映されると、『有頂天』の主人公である「たぬき」も置かれるようになった。口の悪いアニメファンの間では『たまこま』に狂言回しの鳥が出てくることと引っかけて、「鳥から狸に乗り換えた」と揶揄《やゆ》する人もいた。

京都文化博物館の学芸員は、2014年5月18日に次のように指摘していた。「京都が観光地として有名なのは、清水寺、金閣寺などの特定のスポットであって、京都のすべての地区が知られているわけではない。出町桝形商店街などはその典型だ。それこそが生活圏としての京都の町。京都の地元民から見た京都。そうした住民から見た京都をもっと知ってほしいと思う」。

●兵庫県・大阪府・奈良県・和歌山県

兵庫県は、『涼宮ハルヒ』シリーズが有名である。88か所にも『涼宮ハルヒの憂鬱《ゆううつ》』シリーズ（兵庫県西宮市）、『涼宮ハルヒ』のスピンオフ作品、『長門有希ちゃんの消失』（兵庫県西宮市）が挙げられている。

筆者は2010年と2011年にこの聖地を回った。『憂鬱』の1期が2006年、2期が2009年、映画『涼宮ハルヒの消失』が2010年で、2006年の光景も2010年に変化していたり、その後も大きく変わっているようである。

第一の変化は、阪急の西宮北口駅周辺である。ちなみにこの駅名はあまりにもチートなので、筆者は友人と待ち合わせに使ったときも「西宮北口駅の南改札」などと言われて混乱したものだ。

第二の変化は、『消失』に登場したファミリーレストラン「サイゼリヤ」北夙川店が2014年2月に閉店となり、西宮市にあった夙川学院短期大学（現・神戸教育短期大学）が2013年4月移転した。ともに建物が取り壊されている。『消失』だけに舞台も消失してしまったのか。

また神戸市は、『Fate』シリーズ作品中の「冬木市」のモデルとされ、特に『Fate/stay night（フェイト・ステイナイト）』に頻繁に登場する。

大阪府は歴史があるわりに、京都に比べると主要アニメ聖地は少ない。88か所では、『ハンドシェイカー』（大阪府大阪市）。2019冬の『W'z《ウィズ》』も大阪が舞台モデルとなった。

奈良県は小説からアニメ化された『RDG レッドデータガール』が吉野郡十津川村を主な舞台にしている。

和歌山県は既出の『AIR』の舞台が和歌山県御坊市と隣の日高郡美浜町の海沿いに点在している。ここは2011年および12年8月に訪れた。

漫画からアニメとなった『びんちょうタン』の聖地は、みなべ町の山間にある。筆者は2012年7月に訪れて民宿に泊まったことがあるが、「紀州備長炭振興館」にはアニメのコーナーがあり、『びんちょうタン』を冠した風鈴などのグッズも売られていた。

●鳥取県・島根県

山陰地方の鳥取県は、２０１５年8月に調査に訪れたことがあるが、いくつかの聖地があった。88か所でも『ひなビタ♪』（鳥取県倉吉市）、『ゲゲゲの鬼太郎』（鳥取県境港市）が挙げられている。

『ゲゲゲの鬼太郎』は水木しげるが境港市入船町出身、さらに世界的に有名な『名探偵コナン』の青山剛昌は東伯郡北栄町出身と、二人の大物漫画家を輩出していることから、県庁の観光交流局にもわざわざ２０１０年1月に「まんが王国官房」なる部署を設置。さらに鳥取市の空港に「鳥取砂丘コナン空港」、米子市の空港に「米子鬼太郎空港」という愛称をつけるまでになった。

２０１５年8月18日にまんが王国官房を訪ねたところでは「倉吉市はフィギュアの製造工場が立地していることから、県全体で漫画アニメ関係を盛り上げたい」ということだった。

鳥取県全体が過疎化対策に漫画を利用しようという気風が強いためか、26万冊を取りそろえる日本最大の〝まんが温泉ホテル〟、「グリーンスコーレせきがね」が倉吉市関金町にある。

また鳥取県は深夜アニメでも、二つの作品の聖地となっており、うち一つは全国十指に入る人気聖地である。

人気が高いのは男子高校水泳部を描いた『Free!』（２０１３年夏、14年夏、18年夏）であり、鳥取市から比較的近い岩美郡岩美町が聖地である。岩見駅前に町の観光協会があり、２０１５年８月17日夕方に訪れたところ、半分近いスペースが『Free!』関連で、ひっきりなしに女子の旅行者が出入りしていた。休日の多い日だと1日に延べ４００人は来る。また町内の宿泊地は民宿しかないが、宿泊客には特製ポストカードを配布している。各キャラの誕生日には民宿でファンが集まって誕生会を開き、キャラ顔の特注ケーキをわざわざ大阪から送ってくるファンもいたらしい。

東伯郡琴浦町からタイトルを取っている『琴浦さん』は、琴浦町の描写は少ないのだが、象徴的な場所として、一部の熱烈なファンが訪れている。２０１５年８月17日、同町役場に取材したところ、アニメ放映後の２０１３年4月から入込客数が増えたという。声優イベントも２０１４年８月30日に行い、交通不便なこの地に３００人が集まった。

隣の島根県では、出雲大社の存在感が大きい。神社絡みの『かみちゅ！』『いなり、こんこん、恋いろは。』でも1話分くらいで登場するが、2015年8月に訪れたところ、特にそれを使った試みは発見できなかった。

●広島県

広島県はヒット作の聖地が多いところである。88か所にも選ばれた『艦隊これくしょん -艦これ-』（広島県呉市）、『たまゆら』（広島県竹原市）、『かみちゅ！』（広島県尾道市）、『蒼穹のファフナー』（広島県尾道市）、『朝霧の巫女』（広島県三次市）が以前から知られている。

まず、『かみちゅ！』（2005年夏）と『蒼穹のファフナー』（2004年夏秋）は、いずれも放映時期が古く、アニメ聖地が一般化する前の作品であり、前者は神社ものだが人々の記憶にあまり残っていない様子で、後者はロボットアニメということもあり、聖地としての認識が地元でも薄いそうだ。

また尾道市の担当者に2015年8月15日に話を聞いたところでは、同市はアニメよりも映画のイメージが強いこともあってアニメが埋没しがちのようだ。

２０１７年10月に尾道の御袖天満宮を訪れたところでは、『かみちゅ！』関係の痛絵馬は８個ほど確認された。だが舞台モデルとされた艮《うしとら》神社には見つからなかった。

一方で、広島県の山間にある三次市が舞台の『朝霧の巫女』は２００２年夏秋放映で、同じ年の『おねてぃ』と並び、聖地巡礼のはしりとなった作品。伝聞ではいまだに巡礼者がいる模様で、２０１６年９月８日に立ち寄った際、太歳《ださい》神社にはファンが訪れている痕跡があった。同神社では、２００５年から三次物怪《もののけ》まつりが開かれている。また三次市は、三次さくら祭りのポスターに同アニメを２０１６年まで使っていた。三次は三本の川が交差するため９月末は霧の海が発生するので、そのころをめがけてファンがよく来ていたそうだ。

ポスターのアニメデザインは、今となってはありふれているが、初期のころは相当目立ったという。

広島県内で、聖地として有名なのは『たまゆら』の竹原市であろう。ＯＶＡが２０１

０年11月、テレビアニメが２０１１年秋、13年夏、劇場版完結編４部作が２０１５年４月から16年４月に公開されて完結した。これの特筆すべきところは、聖地をはじめから明言したことである。

それまでのアニメは町並みを描いたとしても、制作側は舞台ではなくモデルという立場を貫くのが普通だった。『たまゆら』は作中でも舞台を竹原市であることを明言し、制作に入る前のロケハン段階で市役所に相談があり、市役所も最初から関係してきた。

２０１５年８月14日から15日に調査した。竹原市はちょうど２０１４年度後半のＮＨＫ朝ドラマ『マッサン』の舞台でもあり、『たまゆら』とともに観光誘客の情報発信に活用しているという。ただし、朝ドラマは放映終了とともに急速に来客が減っているのに対して、アニメのほうはまだまだ来客があるという。

市役所としては、２０１３年４月に聖地マップを制作し、初刷りは１万部だったが、現在までに累計10万部になっている。作中に出てくる神様キャラクターである「ももねこ様」にちなんだ「ももねこ様祭」を毎年７月に開催していた。

市の統計によると、竹原駅や町並み保存地区の客数から推計した入込客数は、『たまゆら』1期放映前の2010年（約53万7000人）と比べて放映後の2011年（約67万7000人）には、14万人も増加している。これは『たまゆら』効果だとしている。それまで年配の観光客が多かった同市に、20～30代の若者が目に見えて増えたことは大きい。

また、市の広報誌を担当している企画政策課によると、『たまゆら』を表紙にした広報誌をこれまで5回出しており、いずれも全国のファンから欲しいという注文が来るようだ。

2015年の10月31日と11月1日は最後の『たまゆら』イベントがあった。イベントのキーパーソンは、駅前の文具店、町並み地区のお好み焼き店、町並み保存NPO代表の三人。

町並み保存地区にある「茶房ゆかり」もファンの憩いの場となっている。多いときには1日300人にも上ることがある。市内を走る芸陽バスやタクシーの一部も『たまゆら』ラッピングのものがある。

竹原市の商店にある『たまゆら』の人形

竹原市の書店の垂れ幕

『艦これ』は旧海軍鎮守府があった横須賀、呉、佐世保、舞鶴のいずれもが聖地になっており、それぞれの海上自衛隊基地も聖地である。このうち筆者は呉しか取材していない。

２０１６年９月29日に呉観光協会に調査したところでは戦艦大和の記念館「大和ミュージアム（呉市海事歴史科学館）」にはアニメに限らず年間１００万人の集客があるという。呉で同人イベントも開かれたことがあり、数千人集まったという。

江田島市も観光協会で『艦これ』関係の取り組みを２０１６年４月から始めた。

もっとも、軍隊にアレルギーを持っている高齢者、さらに軍は受け入れてもそれと萌えを組み合わせた『艦これ』は受け付けない人も地元では多いという。

●広島県呉市・広島市『このせか』

実は２０１６年９月29日に呉市で調査したときに、まちなか振興している人から、アニメ映画『この世界の片隅に』の話を聞いていた。ただしそのときには「どうせよくあるご当地アニメでしょ」と思っていたのだが、高品質な作品づくりに定評のあるアニメ制作会社、ＭＡＰＰＡの制作である点は気になっていた。そうしたら同年10月31日東京であった試写会を見た知り合いが、ＳＮＳで大絶賛を始めたのだ。

原作漫画は前々から評価が高かったのだが、これには驚いた。そこで封切の11月12日の翌週、石川県ではやっていなかったので、わざわざ福井まで出かけてレイトショーを見た。ホテルに戻って横になったが、４時間涙があふれて止まらず、おかげで寝不足になった。あとで金沢の上映に来た監督にそう文句を言ったら、喜んでいた。もちろん感動のあまり寝不足になったというのは最大の誉め言葉だから。

その後、広島や呉も含む日本各地や韓国ソウル、台湾台北なども含めて合計17回見た。熱狂的なファンは１００回超え、３００回という話も聞くので回数は少ないが、海外まで見に行ったのである。それほど良かった。だがこれならまだ爆発的な話題になる前に、呉のイベントを見ておけばよかったと後悔した。

同作は予算がないため、クラウドファンディングで当初２０００万円目標で４０００万円集め、最終的には2億５０００万円の資金を得て、５年以上の歳月をかけて作られた。２０１８年末までの興行収入は27億円とアニメ映画としては上位に位置する。

個人的なリベンジとして公開翌年の２０１７年８月28日に呉市を訪ねた。呉の映画館ポポロではその時点までに1・5万人が『このせか』を鑑賞し、うち県外が5000人だったという。市民では20人に1人が見た計算だ。呉市立美術館は、以前は人がまばらだったが、2017年8月には毎日この関連イベントを催し、大変にぎわったようだ。また広島市の映画館八丁座はロングラン上映することで、経営難だったところから息を吹き返したという。

JRの主催で、聖地めぐりが2017年3月に行われた。モデルとなった作者の祖母の家は、映画制作開始時には存在したが、2013〜14年ごろに老朽化のため自然倒壊して、今は更地になっている。

『このせか』は、呉だけでなく、広島市江波地区や原爆爆心地に近く、かつては繁華街だった中島本町あたりも舞台地である。

製作委員会として公開前の2016年3月にすでにマップを出していたが、公開後に増刷した。広島フィルム・コミッションも協力したが、当初は宣伝費にも事欠いたので、カネのかからないイベントでPRし、まずは地元での認知から始めたという。世界各地でも上映されたが、日本アニメ人気が高い台湾・韓国で今一つだったのは「平和だから

江波地区の旧松下商店

受けないのかも」ということだ。一方スペイン語圏、特にメキシコでは、広島県に本社のあるマツダの工場があることに加え、政情不安であることもあって人気が高いという。台湾では思ったほど一般的な人気がなかったとはいえ、試写会の関係者の間では評価は高かったようだ。さらに主人公を演じた俳優のんは、台湾向けのＰＶでわざわざ最初に台湾語で挨拶をしているほど力を入れていた。

実際、筆者も欧州各地を見て回ったところ、スペインのバルセロナとマドリードのＣＤショップやアニメショップでは『この世界の片隅に』のＤＶＤを必ず目にした。

すずさん生誕地である江波地区の港の現在の姿

２０１７年12月、江波地区の人に話を聞いた。「呉のほうが盛り上がっている」としつつも、江波地区でも独自に鑑賞会を開いたり、地元のお好み焼き屋などが応援しているという。

主人公すずの実家のモデルである江波地区の港を二度ほど訪れた。今は住宅が立ち並んでいるが、映画に出てくる当時の面影は多少残っていた。さらに２０１９年12月20日には、当初は入れられなかった重要シーンを入れた長尺版『この世界の（さらにいくつもの）片隅に』が上映された。長尺版では約40分間、２５０カット超が追加された。主人公すずの人間関係に焦点を当てたものが中心であった。

●他の中国地方と四国地方

岡山県では、88か所に挙げられた神山健治監督の『ひるね姫 ～知らないワタシの物語～』（２０１７年３月18日封切）が倉敷市を舞台としている。筆者は同年８月29日に訪れた。

倉敷市は監督の神山に根強いファンがいることを見越して、補正予算を組んでスタンプラリーを17年３月から６月末まで実施。「フォトラリーキャンペーン」として７月から11月末まで倉敷市立美術館、むかし下津井回船問屋、旧柚木家住宅などにトリックアート撮影スポットを設置したり、３月から11月末までラッピングバスや列車を運行していた。

山口県は、アニメ映画『マイマイ新子と千年の魔法』の舞台地が防府市だ。ウィキペディアなどのネット資料によれば、映画の舞台となった国衙《こくが》の中心地で野外上映を行ったり、映画の舞台となった実在の場所を探訪する「マイマイ新子探検隊」が何度も行われたらしい。

幕末維新の舞台である萩市も2016年9月3日に訪れた。当時は特にアニメ聖地はなかったが、その後、明治維新150年記念事業の一環で『BAKUMATSU』（2018年秋、19年春）と萩市がコラボしたらしい。


四国地方は聖地が少ない。

88か所は『おへんろ。』だけで徳島県徳島市、香川県高松市、愛媛県松山市、高知県高知市が挙げられ、それ以外では『結城友奈は勇者である』シリーズ（香川県観音寺市）、『からかい上手の高木さん2』（香川県土庄町）に過ぎない。ただし、1993年ジブリ制作のテレビ単発アニメやドラマになった『海がきこえる』は高知県が舞台だ。

しかし、四国はアニメ・漫画イベントが多い。

徳島市では、アニメ制作会社ufotableのスタジオが存在することもあって、企画制作するアニメやゲームなどのエンターテインメントが集うイベント「マチ★アソビ」が毎年2回開催されている。来場者数は直近では8万人に達しており、地方におけるアニメイベントとして知られている。

ufotableのスタジオがあるビルと徳島のシンボル眉山山頂には「マチ★アソビCAFE」がある。

高松市で年２回開かれる「キャラ★フェス」、高知市で毎年１回開かれる「まんさいこうちまんがフェスティバル」もある。

●佐賀県唐津市

九州は東京から遠いこともあって、あまり聖地がなかったが、『おそ松さん』（１期開始２０１５年秋）以降、『ユーリ!!! on ICE』（２０１６年秋）と『ゾンビランドサガ』（２０１８年秋）と唐津市がヒット作の聖地になったことから、特に唐津市が聖地に恵まれるようになった。

最初に訪れたのは２０１７年６月５日。このころは『ユーリ』が主体であった。『ユーリ』は女性人気が高く熱狂的である。唐津市は、同年３～５月に東京や唐津市内でイベントを開催し、アニメイト天神店に『ユーリ』のカフェを展開するなどのコラボで、

2億円の波及効果があったそうだ。また、海外からの来訪者も2・6%を占めたという。19年3月29日に訪れたところ、佐賀県全体のアニメ関係地をまとめた「SAGA OTAKU GUIDEBOOK 2019」なるパンフレットまで作られていた。『ゾンビ』の聖地になったこともあって、唐津だけのマップの第1版を18年12月に制作（ただし部数は公表せず）。『ゾンビ』は男性ファンが7割を占めており、海外からも中国（ライブ10万人生中継）、台湾を中心にスペイン、ドイツ、英国の人たちが訪れていた。具体的な数がわかるのは、マップ配布の際に簡単なアンケートをしているからだという。

唐津駅前の「唐津市ふるさと会館アルピノ」では『ゾンビ』を中心に展開中で、週1回、金曜午前にお菓子などの関連商品が入荷するが、すぐ売り切れることも多いそうだ。

唐津駅にある観光案内所では、19年3月の時点でも『ユーリ』のほうが人気が高く平日でも100人、多い日は数百人が『ユーリ』がらみ。『ゾンビ』は多い日で100人程度だという。聖地巡礼客も『ユーリ』のほうが、アルピノや曳山展示場での消費が多いという。『ゾンビ』は聖地が多くて拡散しているので、一か所あたりの単価が小さくなりがちだとも。

もともとアニメは、萌え系に惹《ひ》かれる男性ファンが多かったが、２０１２年ごろからは女性ファンが増えて、むしろ熱狂度は女性のほうが強い傾向があるようだ。

●福岡県

福岡県は、意外に聖地は少ない。

88か所としては、小倉駅北口のオタクテナントビル「あるあるCity」の中にある「北九州市漫画ミュージアム」（福岡県北九州市）が挙げられている。２０１７年12月１日に訪れた。

北九州はかつて映画館が多かったせいか、マンガ家を多数輩出している。ゆかり（出身、在学、同人）があるだけでも１００人以上、現在でも55人、これにイラスト、フィギュア造形、アニメーターも含めると１２０人を超えるという。

もともとは松本零士や北条司の関係で記念館にしようとしたが、松本が辞退したので全員の常設館にした。

かつての工場と大気汚染の街とは打って変わって、今では環境都市をうたう北九州として、IターンやUターンにつながるシビックプライドを醸成するのが目的だ。

入場者は年間10万人で夏が特に多い。下関を含む近隣から来る人が中心で、海外はほとんどいない。ただ韓国などとの連携で徐々に増えてくる予想なので、そのうち外国語対応も整備したいとのことだった。漫画の蔵書は、開架ではゾーニングして5万冊、海外版も集めている。

「あるあるCity」ビルには、マチ★アソビCAFE、アニメイトなども入居しており、ビル全体にアニメ系テナントが入っていることになる。

脱線するが、北九州は地図とレコード店の聖地でもある。ゼンリンの本社があり、市内にはその地図の資料館もある。レコード店も掘り出しものの店があるという。その意味では、シビックプライドの醸成というのもあながちウソではない。

福岡市は88か所に『博多豚骨ラーメンズ』(福岡県福岡市)、『博多明太!ぴりからこちゃん』(福岡県福岡市)が挙げられている。

また『波打際のむろみさん』は、福岡市を流れる川に「室見川」があり、福岡市早良区室見にも地下鉄室見駅があるように、福岡市が舞台。だが、あくまでも「福岡市のイメージ」。『そらのおとしもの』は、うきは市や朝倉市が聖地。

国民的漫画・アニメの『サザエさん』は、主役のサザエが福岡生まれという設定で、現在は地下鉄西新駅近くから西南学院大学を通って百道浜《ももちはま》まで「サザエさん通り」と呼ばれている。

長崎県は、話題作の聖地がある。

ジャズをテーマにした漫画をアニメ化した『坂道のアポロン』は、作中でも明示されているように佐世保市が聖地。

『ばらかもん』は漫画原作者の出身地でもある五島列島福江島富江地区が舞台とされる。2017年11月に福江島を訪れた際にタクシーで、アニメに出てくる坪港、八幡瀬《ばはんぜ》、倭寇漁港（富江町地先・山崎地区）、サイクリングロードなどを回った。もっとも同月24日に五島市役所に聞いたところでは、「『ばらかもん』を使いたかったが、マンガ出版社のスクウェア・エニックスから『作者をそっとしてあげて』と言われ、使えなかった」とのことだ。人口減に悩む離島振興にもつながるのだから、もう少し柔軟かつ好意的に対応すればいいのにと思った。

ちなみに福江島は、平安時代には後期遣唐使として島の北端の三井楽から空海らが船出した場所であり、室町時代は倭寇の拠点の一つにもなり、江戸の禁教時代には隠れキリシタンがなんとか息をできたところでもある。今は離島だが、歴史的には大陸との窓口だったのだ。

長崎県ではほかに『色づく世界の明日から』(長崎県長崎市)、『艦隊これくしょん－艦これ－』(長崎県佐世保市)、そして対馬は『アンゴルモア元寇合戦記』(長崎県対馬市)が88か所に挙がっている。

大分県、宮崎県は特記される聖地がない。

●熊本県

熊本県には目立った聖地がある。88か所に挙げられている『ケロロ軍曹』(熊本県熊本市)は、2016年の熊本地震でいたるところが倒壊した熊本城の「お休み処」で聖地プレートを見かけた。

『けものフレンズ』も一般的には埼玉県の東武動物公園が聖地と見られているが、震災に見舞われたこともあって、熊本市動植物園のために最初のコラボ商品が出された。2017年8月24日に熊本駅売店で見かけた。

熊本県の聖地としては『夏目友人帳』（1期が2008年夏、6期が17年春）が最大と言えるだろう。同作は少女漫画が原作だが男性ファンも多い。舞台の中心は、人吉市を中心として、球磨村から八代市にかけて広がる。2015年11月21～22日に訪れた。毎年盆休みにある夏祭りでは、2013年から『夏目友人帳』を使ったポスターを印刷するようになった。

また熊本県と言えば、ゆるキャラ「くまモン」で知られる。「ゆるキャラグランプリ2011」王者にもなり、全国に数あるゆるキャラの中で一、二の知名度と人気を誇る。人気があるだけに、熊本県の土産物のほとんどに「くまモン」のシールが貼られたりしている。ピークは2014年だったようだが。

●鹿児島県種子島、そして沖縄

鹿児島県は、鹿児島市と指宿市が大ヒットしたNHK大河ドラマ『篤姫』の舞台だが、アニメ聖地は種子島に集中している。

88か所でも、『秒速5センチメートル』、『ROBOTICS;NOTES（ロボノ）』はいずれも種子島である。またJAXA種子島宇宙センターの関係で、『ロボノ』以外に『キャプテン・アース』、『宇宙兄弟』の聖地でもある。

種子島は2015年11月20～21日に訪れた。種子島は不思議な島であった。建物や自然の景観に若干沖縄が混じっているというか、本土と沖縄の中間のように思えた。

種子島が前面に描かれているのは、『ロボノ』である。種子島観光協会制作の島のPRビデオ（7分）でも『ロボノ』のヒロイン、瀬乃宮あき穂役・南條愛乃によるアナウンスがある。

2012年から販促用ポスター、巡礼マップ、クリアファイルを出した。ただし、いずれもピークは2012年から13年だったようで、ピークアウトした模様。

種子島の隣にある屋久島は、青森・秋田の白神山地とともに、ジブリの『もののけ姫』の森のモデルとなったと言われている。

また鹿児島県ながら文化的には琉球に属する奄美大島を舞台にした作品として、それほど有名ではないが、『うみものがたり～あなたがいてくれたコト～』がある。

沖縄県を舞台とするアニメとしては、88か所に『劇場版 のんのんびより ばけーしょん』（沖縄県八重山諸島）、『ウルトラマン』シリーズ（沖縄県南風原町〈金城哲夫資料館〉）がリストアップされている。

またご当地アニメとして『はいたい七葉《ななふぁ》』がある。本土ではそれほど知名度はないが、２０１４年12月に那覇を訪れた際、首里城の土産物店などに関連商品が売られているのを見かけた。

２００３年放映の『ストラトス・フォー』は宮古島市（下地島）が舞台。ゲーム『Dolphin Divers（ドルフィンダイバーズ）』は、人が住んでいる最南端の波照間島、さらに『夏空カナタ』は最西端の与那国島が舞台だ。

●海外のアニメ聖地

アニメの中には海外の描写を取り入れたものがいくつかある。

１９７０年代から知られているのは、スイス（マイエンフェルト）の『アルプスの少女ハイジ』、ベルギー（アントワープ周辺）の『フランダースの犬』。

ジブリアニメでは『天空の城ラピュタ』が英国ウェールズ地方と公式にアナウンスされており、ほかにも『魔女の宅急便』『紅の豚』がクロアチア・ドゥブロヴニク、『千と千尋の神隠し』が台湾・九份（台湾語で九份仔＝カウフナ）だと言われている（ただし宮崎駿は公式に否定）。

深夜アニメでは、英国の『きんいろモザイク』『探偵オペラ ミルキィホームズ』『映画けいおん！』、フランスの『ご注文はうさぎですか？』『ストライクウィッチーズ』、イタリアの『ＡＲＩＡ（アリア）』、『Axis Powers ヘタリア（ＡＰＨ）』、『GUNSLINGER GIRL（ガンスリンガーガール）』が主な作品として挙げられる。『魔法少女まどか☆マギカ』は世界各地が舞台モデルとして登場している。

その中で筆者は『映画けいおん！』に登場した英国ロンドン、『フランダースの犬』に関連するベルギー、ジブリに関連するクロアチア・ドゥブロヴニクを訪ねたことがある。

まずは『映画けいおん！』の舞台であるロンドンだが、２０１２年６月に回った。２０１９年７月にも一部再訪した。

ロンドン「トルバドール」店先

『映画けいおん！』のクリアポスター

ロンドン西部のブロンプトン地区にあり、映画版で唯らに「ポットの店」と呼ばれたカフェ「トルバドール」には、実際にティーポットが陳列されている。さらに内側窓にはファンが置いていったという『映画けいおん！』のクリアポスターが２０１９年でもまだ置かれていた。

『フランダースの犬』は、ベルギー北部のフラマン語（オランダ語）地域の中心、アントワープとも呼ばれるアントウェルペン、およびその郊外のホーボーケンが舞台だ。２０１２年６月22日に訪れた。アントワープ聖母大聖堂は、アニメの影響から日本人にとりわけ人気があるようで、案内パンフの陳列棚や展示品の説明は日本語が一番多かった。ネロの家があった村とされる小さな町ホーボーケンには、ネロとパトラッシュの銅像も建てられた。

ジブリの『魔女の宅急便』と『紅の豚』は空から見た赤レンガが並ぶ光景が、クロアチア・ドゥブロヴニクから取材した、と言われている。ドゥブロヴニクに２０１０年５月29日に訪れたが、赤レンガの家が並んだ光景はまさにジブリそのものだった。

第3章　世界のアニメショップとイベントの「今」

パリの「ジャパンエキスポ」でのコスプレイヤー

こうした日本アニメと聖地巡礼の盛り上がりは、海外にも広く伝播している。海外各地でアニメ関連のイベント、それからアニメ・マンガ関連の「オタクショップ」が見られる。

■IOEAと大きなイベント

まずイベントだが、IOEA（International Otaku Expo Association、国際オタクイベント協会）といって、世界のアニメ・マンガ関連行事を「オタクイベント」と名付けた国際組織がある。同協会によると、2019年12月26日現在、50の国と地域、138イベントが加盟している。

国としては、日本、中国、韓国、インドネシア、シンガポール、タイ、マレーシア、フィリピン、台湾、香港、カンボジア、ミャンマー、ラオス、オーストラリア、ニュージーランド、イスラエル、ヨルダン、アメリカ、カナダ、キューバ、ドミニカ、メキシコ、チリ、ペルー、ブラジル、アルゼンチン、ドイツ、ロシア、オーストリア、スペイン、ベラルーシ、スイス、イギリス、オランダ、イタリア、フランス、チェコ、セルビア、エストニア、ハンガリー、リトアニア、ラトビア、クロアチア、パナマ、コロンビア、スウェーデン、カタール、ネパール、サウジアラビア、インドが挙がっている。

現時点で空白になっているのは、アフリカ大陸のみである。日本の一般人とは交流が少なそうな南米、中東、東欧にも広がっているのが興味深い。

ただし、ここに加盟していない大きなイベントもある。さらに地方レベルの小さなイベント、大学生などがやっている同人イベントやサークルを含めると、無数にあると思われる。

ＩＯＥＡに入っていないものも含めて、各大陸での最大のものは次の通りである。

アジアでは、人口大国・中国の杭州市で、毎年4月下旬から5月初旬にかけて開かれている「中国国際動漫節」の規模が最大と見られる。「動漫」とは中国語では動画（アニメ）、漫画の総称である。もちろんこれは、日本のアニメ・マンガばかりではないのだが。そして直近の２０１９年の第15回には延べ１４３万６０００人が参加したと報じられている。ただし別の資料では２０１２年には延べ２０８万人が来場したとされる。

中国と同様にアニメファンの絶対数が多い北米では、日本アニメ・マンガをテーマに

ジャパンエキスポ。出版社のブースがある区画

したイベント「Anime Expo（アニメエキスポ）」が、毎年7月初めに開かれている。2019年は7月4日から7日までの4日間、米国ロサンゼルスのコンベンションセンターで開催され、延べ35万人以上が参加したという。日本からのゲストやプログラムの多さでは出色だという。

欧州では、パリの「Japan Expo（ジャパンエキスポ）」が「有名」である。2000年からフランス・パリで開催されている日本文化の総合博覧会である。2015年がピークで24万7000人あまりが参加。それ以降はほぼ横ばいであ

ジャパンエキスポ会場である、パリ・ノール・ヴィルパント展示会場

ジャパンエキスポ20周年を祝うパネル

る。横ばいの原因は、フランス各地やフランス語圏ベルギー、スイスなどでも同様のイベントが数多く生まれたからと言われる。

また「有名」と書いたのは、いまやドイツやイタリアなどのイベントのほうが多いと見られているからである。だがパリで行われるというブランド力から、日本では今でもマスコミ報道がなされ、注目度は世界のオタクイベントの中では出色である。

イタリア・ローマで年２回開催される「Romics（ロミックス）」は、２回合計で40万人を超えるという。

スペインのバルセロナで毎年10月末ごろに開催される「Manga Barcelona（マンガバルセロナ、元・Salón del Manga de Barcelona）」は15万人程度を集める。

ただし、今はドイツが急伸しているとされる。もともとテレビで日本アニメ放映が多かったのに加えて、連邦制なのでイベントが分散しているが、集客集を合計するとフランス全体より多いのではないかとも言われている。

元祖の日本では、同人誌即売会である「コミックマーケット（コミケ、Comic Market）」がもちろん発祥であり、有名である。初回は１９７５年12月21日に開かれた。開催期間は現在では主に３日間。８月盆休みに開催されるものは「夏コミ」、12月末に開催されるものは「冬コミ」と呼ばれる。２０１９年12月現在、開催回数は定期開催だけで97回を数える。出展数は３万サークルを超え、来場者数は70万人を超える。

また日本政府の肝いりで２０１４年から毎年3月下旬に行われている「AnimeJapan（アニメジャパン）」も来場者数15万人超を数える。

ところが、地方都市では同人誌イベントは少子化などもあってか、減る傾向にある。筆者の出身地の石川県金沢市の「金コミ」も１１１回目の２０１８年９月23日で終了している。

■世界のアニメファンの特徴

こうした世界のオタクイベントについて長年コミケのシステムにたずさわり、ＩＯＥＡを立ち上げた佐藤一毅は次のように指摘する。

オタクイベントは、親日家を育てる苗床と考えられます。いわば育日イベント。フランスでは、家電チェーン店がマンガやアニメを持ち込んでマンガ愛好家ができました。日本のマンガやアニメはストーリーやジャンルにバリエーションがある点が強み。それは理想と妄想の世界ではありますが、日本独特のもので、他の独自のコンテンツ文化がある米国と、フランスおよびイタリアに匹敵するものです。

そもそも今あるイベントは、１９９０年代開始のものが多く、学生サークルから発展したものも多いのです。当時の20歳が現在は45歳で中堅です。仕事にも使える立場なのです。

もっともイベントでの収益から言えば、欧州でのイベントはあまり収益は見込めないし、インバウンドにもつながりにくい。インバウンドにつなげるなら、やはりアジアでしょう。中国をはじめ動員数も多いし、ギャラも高いですから。

日本のオタク文化は、1985～89年の宮崎勤事件によるドン底から這いあがり、30年かけて現在に至ります。そしてその地位向上により、今では学者も参入しています。これは浮世絵の評価の過程と似ていると思う。

浮世絵にも、コンテキストがあり、鑑賞する人の教養と眼力が問われるように、マンガにもコンテキストがあり、読み方があります。そしてそれは子供のころに培われるもの。マンガとアニメは子供向けから大人向けまでの間断ない層があり、それが日本のアニメ・マンガ文化の強み。もっとも最近では、子供向けのマンガから育たずに、直接YouTubeでアニメ視聴というケースも増えています。また中国の格安スマホで提供される無料アプリとコンテンツ、さらにはウェブに最適化された韓国のウェブトゥーンに市場を奪われています。今後どういう戦略を立てるかはまさに正念場です。

とはいえ、世界各地ではまだまだアニメやマンガなどの日本コンテンツが魅力を持っているのは事実だ。そこで各国におけるイベントとショップ、ファンの現状を筆者の実地見聞により紹介しよう。

最初にマンガとアニメの受容の仕方について、欧州とアジアのおおざっぱな比較をすると、アニメとマンガのどちらが先行するかの違いがあるとされる。欧州では国営放送などでアニメが放送され、それを子供のころから見て育った人たちが、今の深夜アニメにシフトし、さらにマンガも読む。それゆえ、アニメ化されていないマンガは、なかなか受け入れられない傾向があるという。

それに対して、アジアではアニメ化されていない作品でも、マンガが受け入れられる傾向にある。しかも地の利もあるからか、主要国については、フランスを除く欧州よりも、翻訳されているマンガのタイトルがきわめて多い。

●台湾

台北の「Fancy Fromtier（ファンシーフロンティア、ＦＦ」）は、日本のアニメファンの間でも有名である。大阪のタペストリー店でも「台湾ＦＦ出展作」という表示を見かけたことがある。日本からも数十サークルが出展している。

ＦＦは中国語で開拓動漫祭。「杜葳廣告股份有限公司」という広告代理店系の「開拓動漫事業有限公司」が開催する民間企業による台湾最大規模の同人誌即売会である。アニメ情報誌「双月刊（隔月刊）Frontier」（以前は月刊）も発行している。

初回は２００２年10月５日・６日に開催された。以後は毎年春と夏の２回開催で、参加サークル数は１０００、参加者数は６～７万人を数える。

会場は台北市内で不定。ＦＦ１、２だけは台北世界貿易中心展覧二館だったが、２００４年からは２０１４年７月のＦＦ24までが国立台湾大学総合体育館、ＦＦ25以降は例外もあるが花博公園争豔館で開催されることが多い。

ＦＦ15（２０１０年２月20日・21日）からは、声優やクリエーターなど日本からのゲストが複数になり、しかもかなりメジャーどころである。台湾は親日的で観客の反応も良いから、多忙な声優たちも来たがるようである。

また一次創作を重視する「Petit Fancy」、模型創作祭「Reality Fantasy」、原創作品交流展「Comic Nova」なども別途開催される。

台湾「Fancy Frontier」会場入口

「Fancy Frontier」会場内の様子

主に仕切っている人物が、蘇微希《ソービキ》である。1990年代から日本マンガの評論家として名を挙げた、台湾のこの業界では著名人の一人でもある。

2015年8月、FFに来訪していた日本人男性コスプレイヤーの話を聞いた。

台湾の人たちは日本人と比べてオープンでフレンドリー、日本語で一生懸命コミュニケーションを取ろうとしてくるし、一緒に写真を撮りたがる。日本人だと一緒には撮りたがりません。日本のイベントはいろいろと規制が厳しいのですが、FFはよく言えば自由、悪く言えばルーズなので、開場前の行列に関するトラブルなども起こります。でも、このカオスぶりが好き。

台湾は、日本のアニメショップチェーンのアニメイトが初めて海外出店した場所でもある。今も台北市西門町の台湾製糖ビルの地下に比較的広いショップがある。台中にもあるらしい。また、2020年2月現在、韓国ソウルに2店舗、香港1店舗、タイ1店舗、中国上海に1店舗展開している。

台湾漫画博覧会日本館のキャラとなった「キズナアイ」

漫画博覧会での絵馬掛け

台湾では、ＦＦと並ぶ同人誌イベントとして「Comic World Taiwan（コミックワールド・台湾、ＣＷＴ）」も年5回開催されている。ただしこちらは女性向けが主体だ。

また漫画出版業界団体の主催で毎年夏に台北市で開かれる「漫画博覧会」も大きな催しだ。最新の第20回は8月1日〜5日の5日間にわたって、台湾台北市・世界貿易センターで開催され、来場者数は延べ約60万人にのぼった。日本からも多くの漫画家や声優も参加する。ただしこの回からは、漫画やアニメよりもゲームのほうに重点が移っているように見受けられた。また京アニ放火事件の直後だったこともあって、京アニ激励の掲示板や絵馬掛けなども置かれて、台湾のファンからの熱い声援が書き込まれていた。

ほかにも、毎年2月前後に開かれる「台北国際ブックフェア（台北国際書展）」でも漫画に多くのスペースが割かれ、ラノベ作家などもゲストに呼ばれる。また、ＦＦ系のイベントは台中、高雄など地方都市でも開かれるなど、台湾は日本アニメ・漫画関係イベントが特に多いところでもある。

●マレーシア

マレーシアでも、最初は華人系から、今ではマレー系にも日本のアニメとマンガが浸透している。

福建系華人が多い北部の都市ペナン・ジョージタウンには、「アジアコミック博物館」が作られた。ジョージタウンのランドマーク、コムター内にある。これは民間の華人によるものだ。もともとはアジアのすべてのマンガの資料を集めようとしたが、資金と時間不足から一部だけとなった。特に日本は権利関係が難航して、展示が不十分である。

２０１８年１月に館長の黄偉康に聞き取りをした。

マレーシア華人は特に首都のクアラルンプール周辺に広東系が多いことから、１９７０年代までは香港マンガの影響が圧倒的でした。しかし今は、むしろ日本マンガの影響が強い。私も１９９２年生まれと若い世代のため、主に日本のマンガの中国語版を見て育ちました。マレーシアで出回っているものは台湾版が多い。マレーシアは検閲制度があって、以前は制限が多かったのですが、最近は緩和される傾向にあります。

同月、ＫＡＤＯＫＡＷＡの子会社となったマレーシアのマンガ出版社GEMPAKの蔡再鴻にも話を聞いた。マレーシアは多民族国家で、最大のマレー系、華人、インド系などがいる。マレー系の経済力が近年急伸しており、マレー語出版市場が拡大、マレー系にはコスプレも人気でアニメが浸透している。

今はマンガに限らず、食品や様々なブランドでも日本が最大です。『GEMPAK』というマンガ雑誌を以前発行しており、特にマレー語版は最盛期に８万部出ていましたが、１万部に激減したことから、２０１８年から電子版に切り替えました。

韓国のウェブトゥーンはまだ広まっておらず、紙のマンガ本に需要があります。またラノベも人気で、中でもマレー語版が一番需要があって１万部を超えるものも多いです。華語はそれより少なく、英語は２０００部もないものがほとんど。でもシンガポールでは英語版の需要がありますので、そちらに出しています。

意外なことですが、マレーシアでは『ＯＮＥ ＰＩＥＣＥ』はそれほど売れていません。２０００～３０００部も出ておらず、マレー語版の出版社は倒産したそうです。

ただし、華語は台湾版の海賊版が出回っているため、読者は多いと思われます。

ただし現状では、アニメ好きから日本語学習に入っていくのは、華人が多いように見える。クアラルンプール最高層のビル、ＫＬＣＣのショッピングゾーンにある紀伊國屋書店は、東南アジアで最大級と思われる。そこではマレー語訳の日本マンガやラノベ、中国語（台湾版）マンガやラノベ、そして英語版のマンガ、日本原版のラノベやマンガが置かれている。日本語教材コーナーや日本原版の本を物色しているのは、華人が多い。もちろん今後はマレー系も増えてくるだろう。

また地元華人系の書店チェーン「大衆書局（ポピュラーブックストア）」にも中国語版ラノベやマンガ、アニメのＤＶＤが売られている。

クアラルンプールの繁華街、ブキッ・ビンタンにあるやや古めのモール、スンガイ・ワン・プラザには２０１０〜16年ごろにはいくつものアニメショップがあったが、今は「アニメハウス（Anime House、以前はSun Comic）」１軒だけになっているようだ。マレー系が経営しており、主にマレー語版マンガやアニメＤＶＤ、フィギュアが置かれている。店長はほとんどのアニメをチェックしているらしい。

アニメやマンガでは、マレー系と華人の好みは若干違うと推察される。マレー系には西欧と似ているというか、『ソードアート・オンライン』や『トーキョーグール』などが選好され、華人には漢字文化圏共通で、『銀魂』などが好まれている感じである。


マレーシアでは、アニメイベントがいくつも開催されている。

まず「Comic Fiesta（コミックフィエスタ）」は、東南アジアで最大かつ最長のアニメイベントの一つである。2002年から毎年12月に開かれており、年々入場者数が増え、2019年には6万5000人となった。漫画家、イラストレーター、コスプレイヤー、物販、パフォーマーなども参加している。

筆者は2015年12月19日に参加したが、確かにかなりの規模であった。英国籍のマレーシア華人で日本で活躍するダニー・チュウにも会った。自らが主宰するバーチャルマスコットを出展していた。ダニーの父親は、英国に拠点を置くマレーシアのファッションデザイナー、ジミー・チュウである。

クアラルンプールの「ヴィジュアルアートエキスポ」

クアラルンプールの盆踊り大会

クアラルンプールのコミックフィエスタ

ダニー・チュウ

会場で見かけた日本の女子高生風コスプレ

これのミニ版、「コミックフィエスタミニ」がペナンやジョホールでも開かれている。

筆者はペナンの「ミニ」に2015年9月15日に参加した。「ミニ」だけに入場者数数千人程度で小ぶりだった。同人サークルのマレー系女子は、「『ドラゴンボール』から興味を持つようになって、今では『トーキョーグール』、『艦これ』などが好き。日本のアニメのキャラクターデザインが良い。日本に行ったこともあり、今は日本文化全般が好き」と語っていた。また広東系華人の女子は『そにアニ』のコスプレをしていて、中国のネット「ビリビリ（bilibili）」でアニメを見ているという。やはり日本に行ったことがあり、「安全でクリーンで便利だと思う」と話していた。

「ビジュアル・アーツ・エキスポ（VISUAL ARTS EXPO、VAX）」は、やはり来場者数千人程度と小ぶりなイベント。クアラルンプール郊外で年1回、7月に2日間にわたって開催される。2018年7月21日に参加したところ、同人ブースはあるが、デザイン・写真・舞台芸術などのレクチャーにも力点を置き、主催者によると「教育・学術寄り」のイベントである。その点では世界のオタクイベントの中では異彩を放っている。

実は同じ日にやはりクアラルンプール郊外で、クアラルンプール日本人会主催による

「盆踊り大会」が開かれた。この催しはマレーシア人にも広く知られていて、参加者は3万人を超えるという。アニメ色は特にないが、海外の日本人イベントに現地人も大挙して訪れていることにはある種の感動を覚えた。

マレーシアは戦時中の日本占領下で、マレー系とインド系が抜擢されて、華人がいじめられた。なので、今でもマレー系とインド系は日本への好感度が高いのだが、最近では華人も反日ではなくなっている。

●シンガポール

マレーシアの華人との関係が深く、一体で考えられることも多いシンガポールについて見てみたい。前述したがマンガイベントを手掛ける黄展鳴や劉俊賢によると、1970年代に日本のマンガが入ってきて、今では大きな影響力を持ち、南洋理工大学（南大）には中国の孔子学院があるが、そこで発行されている幼稚園児向けのマンガ教材ですら、日本風になっているという。

1980年代までは台湾の海賊版が多かったが、その後は中国語正規版が出回った。

ただ、1990年代には中国語簡体字が多かったが、2000年以降には英語のほうが出回っている。

シンガポールでは、いくつかの映像会社が日本アニメのDVDを発行している。しかしシンガポールよりも、マレーシアで見かけることが多い。

マンガは英語訳がよく読まれている。筆者が行くのは、シンガポール一の繁華街のオーチャード通りにある紀伊國屋書店である。

イベントについては、主にシンガポールのほか、インドネシア・ジャカルタ、マレーシア・クアラルンプール、タイ・バンコクで開かれている「アニメフェスティバルアジア（Anime Festival Asia、AFA）」が挙げられる。2019年11月29日から12月1日にシンガポールで開かれたときの入場者は12万人とされている。日本からは声優の内田真礼《まあや》、田所あずさ、茅原実里、アニソン歌手のMay'nやJUNNAらが参加したという。

ただしAFAについては未見である。

●インドネシア

インドネシアは2016年末に訪れたときの情報と、マレーシアやシンガポールでキャッチした情報を総合する。

インドネシアはまだまだ新興国で、人口も2億5000万人と多く、国土も広いため、全体としては中進国の下位グループに属する。ただし、ジャカルタやバンドンなどの大都市では、若者が新興産業で働いていて急速に近代化し、中間層化している。筆者は2009、2012、2016年と3回しか訪問していないが、ジャカルタでは驚くスピードで物価が上がった。その分、治安も急速に改善している。

それもあって、日本マンガの市場が大きくなっている。実際、最大書店のグラメディアのグランドインドネシア（モール）店では、日本のマンガコーナーのスペースが大きく、数多くのタイトルがインドネシア語に訳されている。インドネシアで特に人気のマンガは『hai, miiko!』、日本版のタイトルは『こっちむいて！みい子』（おのえりこ原作）である。

ラノベはまだ少ないが、『リゼロ』『龍ヶ嬢七々々の埋蔵金』などのインドネシア語訳を見かけた。人気作の『リゼロ』はともかくとして、『七々々』はメジャーではなく、謎チョイスではあるが。

ちなみにアニメファンではないものの、30代の知り合いが英語でこうつぶやいていた。「ジャカルタも30年くらいたてば、東京みたいになれるかな」。これがアジアの新興国

ジャカルタ最大の書店「グラメディア」入口

店内のマンガコーナー

ると思う。

の若者の思いであろう。それがまたアニメやマンガを鑑賞する場合にも投影されている

インドネシア人にはあまり英語が通用しない。なので、インドネシア語を解さない筆者は、それほど深く取材ができない。アニメショップを探すこともできていない。ジャカルタ北部の華人街ほか、いくつかの古くからあるショッピングモールで、アニメの海賊版や中古フィギュアが売られているショップを見かけたことはある。

正規版のマンガを探すには、ここでもやはり紀伊國屋書店であろう。前記グラメディア支店と最大規模を競っているが、ここでは日本語、英語、中国語の本も売られており、比較的裕福と思《おぼ》しき華人が来ている。

また大学都市のバンドンでは、書店で日本マンガのインドネシア語版をよく見かけた。アニメイベントは何種類か開催されている。2011年から年2回開かれている同人誌展示即売会「Comic Frontier（コミックフロンティア、コミフロ）」で、入場者数は1万3000人程度とされる。また日本政府の肝いりで開かれている「JAK-JAPAN MATSURI（ジャクジャパンまつり）」はアニメというより、JKT48なども出演する

総合的な大衆文化イベントである。また、シンガポールの項目で紹介したＡＦＡもときどき開かれている。

●フィリピン

フィリピンは２０１０年以降では２０１２年1月、17年1月に訪問した。主に大マニラ市内だ。

２０１２年にはすでに、アニメ情報誌『Otaku Magazine（のちにOtakuzine）』をコンビニでも見かけた。現地の知り合いによると、日本のアニメから啓発されたコスプレが人気だという。メイドカフェもあるらしい。いくつかのモールでも、フィギュアやグッズ専門店や米国翻訳マンガとラノベショップを見かけた。グッズは単価が安い中国海賊版のキーホルダーが主だった。

２０１７年初頭に再訪したところ、アニメショップはやや減っていた。ただしコスプレ人気は依然として高い。

イベントとしては「コスプレマニア（Cosplay Mania）」が、隔年で大マニラの一部パサイ市で開かれているらしい。来場者数は2万人を超えるという。

ちなみに、フィリピンで有名なモデルのアローディア・ゴセンフィアオもコスプレイヤーで親日家として知られている。彼女の影響で親日家が増えているとの説もある。

それだけではないだろうが、1990年代から何度かフィリピンを訪れていると、目に見えて米国離れと日本好きが増えているように見える。1990年代はまだ第二次大戦中の日本占領への悪い記憶もあって、かつての宗主国、米国の影響が圧倒的で、日本への関心は皆無に近かったが、今では日本への関心がとても高い。大統領のドゥテルテも天皇陛下を敬愛する親日家として知られる。

左翼系作家のシオニール・ホセを訪ねたが、「昔、占領したときの軍人と民間人は立場が違うからだろう。私は今の日本は大好きだ。天皇陛下も敬愛する」と話していた。

●ベトナム

ベトナムは1994、2011、2018年の3回しか訪れていない。いずれもハノイ（河内）は訪れたが、ホーチミン市は1994年だけの訪問である。

２０１１年11月に訪れた際には、ハノイの夜市の露店では、アニメの海賊版ＤＶＤをいくつも見かけた。『フルーツバスケット』『名探偵コナン』『カードキャプターさくら』などだった。また同月、ベトナム北部に位置し、中国との国境に近いランソン（諒山）では、マンガの貸本屋を見かけた。かなりのタイトルがあった。ただし、なぜかマンガは貸本屋でしか見かけず、普通の新刊書店にはあまり並んでいなかった。おそらく、当

ハノイの書店「ファハサ」

ハノイのアニメショップ「マンガスタイル」

時はまだ国が貧しかったので、１９７０年代までの台湾や韓国がそうであったように、マンガ読者は新刊では買えず、貸本屋に頼っていたのだろう。

２０１８年8月にハノイを訪れた際には、一般書店でもマンガやラノベの翻訳がたくさん並んでいた。アニメショップを検索して何件か回ったが、ほとんどが廃業していた。ようやく一軒だけ西湖の南側に見つけた。「shop manga style」といい、主にフィギュアが並べられていた。だが、筆者は、ベトナム語は看板の類は中国語などからの類推でわかるものの、会話はできないため、深く突っ込んで話を聞くことはできなかった。

ハノイでは南部ホーチミンに本社を置き、今は紀伊國屋と提携している「ＦＡＨＡＳＡ（ファハサ）」のハノイ支店や郊外にあるイオンモールにある支店には、マンガ・ラノベの翻訳がたくさん置かれていた。しかもラノベは入口近くに平積になっていた。

中部の古都フエ（順化）にも足を運んだ。ドンバ市場近くのショッピングセンターに入っていた書店「ＦＡＨＡＳＡ」を見ると、それほど広くない店舗ではあったが、日本語教材やマンガ・ラノベの翻訳の類がかなりの面積を占めていた。２０１１年に一般書店で見かけなかったのと比べて大きな差である。

２０１８年夏の時点では、ラノベでは『狼と香辛料』『ＮＨＫにようこそ！』『リゼロ』『ソードアート・オンライン』。マンガは昔から人気の『ドラえもん』に加えて、『天は赤い河のほとり』『俺物語!!』『リゼロ』、インドネシアでも人気の『みい子』あたり。

●欧州

アジアではアニメがなくてもマンガ市場が成立するが、欧州はアニメが放映されてからマンガに入る傾向がある。

欧州全体では、どちらかと言うと、ラテン系のフランス、スペイン、イタリアのほうに、日本のアニメとマンガが浸透している感がある。特にフランスが群を抜いている。ゲルマン系は相対的にはややアニメ・マンガは弱く、どうやら陰鬱系や残酷系が好まれる傾向のように感じた。

これについてはオランダ・アムステルダム在住の日本人芸術家が面白い指摘をしていた。それは、フランスなどカトリック系のほうが、奇蹟など目に見えないものを信じる傾向にあり、ゲルマン系は実存主義的で、超越的なものをあまり信じない。日本のアニメやマンガには、神社やお寺もよく登場するし、超越的なところがある。カトリックとは方向性は違うが、超越性の観念では通じるところがあるからではないかと。確かにそんな部分もありそうだ。

もっともドイツは、もともとテレビでも多数の日本アニメを流していて、子供のときからアニメやマンガに親近感を持つ層は厚い。近年アニメイベントは盛んで、ドイツ全体の総動員数を見ればフランス全体を抜いているとの推計もあるので、一概には言えないのかもしれない。

欧州については、中欧や東欧がどういう状況なのか、ウオッチできていない。2010年と12年にはハンガリー2回、スロベニア、クロアチア、ボスニア、ポーランド（クラクフ）、チェコ、スロバキアをそれぞれ1回ずつ回ったことがあるが、まだマンガがこれほど世界的に拡散する前の時期だったので、それぞれ数タイトルの現地語訳は見かけたものの、明確なものではなかった。

ただしハンガリーは2012年に、大手書店でもマンガ（韓国作品も含めて）のハンガリー語訳を1棚分くらいは見かけたし、2軒ほどアニメ専門ショップも見かけた。また、アニメ情報誌も出されていた。ポーランドも親日傾向が強いとされており、クラクフには「日本美術技術博物館〝マンガ〟館」があって伝統工芸の展示がある。ただし、マンガというのは寄贈者の愛称であって、マンガがあるわけではない。

中東欧の中ではハンガリーとポーランドにはアニメやマンガが比較的浸透していそうだが、その後の進展がどうなっているのか、今のところ最新の調査はできていない。中東欧の状況は、今後の課題である。

イタリアは残念ながらアニメ・マンガが大きく伸長したここ7〜8年内に訪れていない。2012年にはシチリア島のカターニャを訪れたが、地方都市でもあり、当時は市中の書店にマンガはそれほど多くはなかった。2018年にヴェネツィアは訪れたが、マンガショップは見つけられなかった。

ネット情報ではやはり首都ローマには、それなりのストックのショップがあるらしい。またローマでは欧州最大級のアニメイベント「ロミックス」が年2回開かれている。

ドイツは、2012年以来訪れていない。ドイツ西部、モーゼル川とライン川が合流する10万都市のコブレンツで、たまたまアニメショップ「ツァイトガイスト」を見かけたことがある。ドイツは連邦制で分散しているので、主な州都にそれなりの規模のアニメショップやアニメイベントが存在しているという。

オランダではアムステルダムの中華街におそらく華僑経営のマンガショップ「Henk's Comics and Manga Store」があった。

スイスについては、報道によると2019年7～10月には、スイス国立博物館（チューリヒ）で日本アニメの『アルプスの少女ハイジ』を紹介する「Heidi in Japan（ハイジ・イン・ジャパン）」展覧会が開かれ、セル画、ロケハン写真、関連グッズなど約200点が展示されたとのことだ。

●フランス

欧州においては、アニメとマンガのファンが特に多いのはフランスである。アニメの放送契約も、フランスが欧州では群を抜いて多い。もちろん絶対量から見れば、台湾、韓国、香港、中国、タイあたりのほうが多いと思われる。だが、フランスがアジア諸国とも遜色がないと思われるのは、アニメイベントやマンガ読者におけるオタクではない一般人の割合の多さ、それから日本のマンガに対する愛情の深さであろう。

フランスで有名なのは、前述したように、「Japan Expo（ジャパンエキスポ）」である。毎年７月上旬の木曜から日曜の４日間開催され、25万人前後を動員する欧州でも最大級のアニメイベントである。

筆者は２０１２年と２０１９年に見学した。もっともこのときにはすでにピークアウトしていて、入場者数は減少傾向にあったのだが、それでも20万人以上の集客があった。２０１９年には勢いが衰えていて、２０１２年のほうが増加傾向で活気があったと思う。とはいえ、パリ・ノール・ヴィルパント展示会場の３ホールを使った会場はとても広いし、ゲストやプログラムの数は多いので、圧倒される。

そしてジャパンエキスポはアニメやマンガだけではなく、書道・武道・茶道・折り紙などの伝統文化を含む日本文化総合展である。実は韓国系もＫ－ＰＯＰなどを出展している。フランス人には韓国と日本の区別がつかないこともあるようで、「今度日本に行くなら、東京とソウルに行きたい」と言った人もいた。またイラストやマンガなどの同人誌ブースも多数出展し、コスプレイベントもあるものの、展示の主力は、フランスの各漫画出版社など企業ブースが中心で、漫画家のサイン会なども催されている。

ちなみに会場へのアクセスは、郊外鉄道線が途中治安の悪い地域を通過するため要注意だ。もっとも、当日はコスプレをしたフランス人オタクが大量に乗り込んで満員のため、治安の悪い地域から乗り込もうとする悪人風の人たちも圧倒されていて、ときには強盗も発生すると言われている普段よりは安全かもしれないが。

マンガについては欧州語ではフランス語訳のタイトルが一番多いと思われる（ただし、イタリア語訳やスペイン語訳も多いかもしれない）。パリには何か所かマンガ専門店がある。ソルボンヌ大学などで有名なカルチェ・ラタンには、マンガ専門店「HAYAKU SHOP」があり、BDやアメコミとともに漫画「も」置かれている店がほかに3～4軒はある。ほかにも、レピュブリック広場周辺、ヴォルテール通り、バスティーユ広場近くのケレ通り（Rue Keller）にもいくつかマンガショップがある。中華街のあるイタリア広場近くにも中国移民が経営するマンガショップを見かけた。また、ミッテラン図書館近くにある「Manga Café（マンガカフェ）V2」は、かなりの品ぞろえを持つマンガ専門店であり、会員制のマンガ喫茶も併設している。

アニメ情報誌も複数出されている。『AnimeLand』『Coyote mag』『Japan Live』などである。アニメやマンガの歴史を概説した図書もいくつか出ており、フランス人のアニメ・マンガ愛がわかる。

「HAYAKU SHOP」は、漫画好きの店長が２００７年10月に開業した。店内にはフランス語訳のマンガ、ラノベ、フランス語によるマンガ史解説本、さらにフィギュアなどが並べられている。店名の由来は、東京の友人がよく「早く」と言っていたことから取ったという。

店長のクリストフ・ルナン（Christophe Lenain）は、以前は同じカルチェ・ラタンにある「Album Comic」というアメコミやＢＤなども総合的に扱う店にいたが、マンガ好きが嵩じて自分で店を開いた。マンガとは20年前に接し、10年前からコレクションを始めた。

アニメについても、最近はもちろんネット視聴が増えているが、ＤＶＤもかなり出ている。書籍とマルチメディアのチェーン店「Fnac」旗艦店のレアール店に行くと、ＤＶＤコーナーでも相当の部分を日本のアニメが占めている。出されているタイトルは、様々なジャンルが満遍なくあり、比較的マイナーなものもある。

また日本のマンガも、ベストセラーがフィクション、ノンフィクションと並ぶ対等な第3のジャンル扱いされている。タイトルは、比較的知られているものが多いが、少年、少女、やおい、青年、それからグロ、ホラー、SFなど満遍なく出されている。だが、そんなレアール店も、書籍とDVDの売れ行き減からか、2018、2019年の時点では、書籍とDVDが同じフロアに集約されていた。2012年に行ったときがおそらく全盛期で、そのときには、3フロアのうち、日本のアニメDVDとマンガだけは特別に最上階のフロア半分を使っていた。他の書籍は全部で1フロア分、マルチメディア機器関係が1フロア分だった。フランス独自のコミックであるBDは、マンガほどのスペースがない。それほどアニメとマンガは人気がある。

カルチェ・ラタンで、マンガのストックが大きいのは、ジベールジョゼフの6号店(Gibert Joseph Paris VI - Musique – Video – 3D – Mangas)である。ジベールではジャンル別に店舗が分かれているのだが、BDとマンガは6号店にある。2019年7月に訪れた際には、店を入ると表の3分の1がBD、奥の3分の1がマンガ、残りが映画などのＤＶＤといった感じであった。客はどちらかというとマンガコーナーが多めであった。

●スペイン

スペインといっても、首都マドリードよりも独立運動がくすぶっているカタルーニャ地方のバルセロナが出版の中心であり、マンガショップもいくつかある。２０１８年９月に訪れた。特に大きいのは、出版社でもある「ノルマコミック（Norma Comics）」である。１階にはスペイン語訳のＢＤとアメコミが置かれているが、日本のマンガはフィギュアとともに地下１階の１フロアが丸々使われていた。つまりマンガのほうが多いのだ。ちなみにスペイン語訳が大半だが、ごく一部

バルセロナ「ノルマコミックス」のマンガコーナーへ降りるところ

のメジャーなものは、カタルーニャ語訳も出されていた。

またバルセロナにはフランス系書店Fnacもあり、そこにもマンガが置かれていた。DVDもそう多くはないが置かれており、『この世界の片隅に』など片渕須直作品が目立っていた。

バルセロナでは日本人経営の民宿に泊まった。宿の主人によると、2009年ごろにやってきて、最初は漫画喫茶を経営していたらしい。当時アニメでは『ふしぎ遊戯』が一番人気があった。放映権が安かったからか。そしてマンガはテレビアニメから入った人が多かった。ちなみにバルセロナでは欧州最大級のアニメイベントが開催されている。2019年から「マンガバ

マドリード「ジャパンウィークエンド」2019

ルセロナ」に改称したものだが、２０１７年には15万人程度の集客があった。

さて首都のマドリードである。筆者は２０１８年９月末に開かれた「ジャパン ウィークエンド マドリード（Japan Weekend Madrid 2018」に２日間のうち初日の29日だけ参加した。

「ジャパンウィークエンド」でのポプテピ

「ジャパンウィークエンド」ステージ風景

同イベントは２００８年から年２回開催されている。商業ブースや同人ブースのほか、フリープレイやビデオゲームの大会、舞台演劇、折り紙、囲碁、コスプレなどのワークショップが目立った。コンサート、コスプレコンテストもある。２０１８年９月はピコ太郎が招かれていたほか、スペイン語圏で有名な歌手も登壇していた。

来場者数は２日間で10万人前後という。会場は展示会場の２ホールを使っているが、パリのジャパンエキスポよりはやや小こぶりである。

マドリードのマンガショップ「オメガ」

コスプレでは、アニメとは直接関係がない中世の国王王妃風のものが目立つのは、西欧らしいところか。

また、首都のマドリードには、地下鉄サントドミンゴ駅周辺に、アメコミやＢＤも含めたコミックショップが軒を連ねるルナ通り（calle de la Luna）がある。そのうちマンガのストックが多かったのは、マンガ専門の「オメガ（Omega Center）」「エレクトラ・コミック（Elektra Cómic）」であった。うちオメガはかなりの品ぞろえであり、アニメ情報誌や少数ながらアニメＤＶＤも置かれていた。

●英国

ゲルマン系では、英国で特筆すべき動きがあった。

それは大英博物館で２０１９年５月23日から８月26日まで開かれた「マンガ展（The Citi exhibition Manga）」である。日本の「マンガ文化」の歴史を概括的に追うもので、西欧では過去最大級の文化学術的展覧会であった。

１００平米のスペースに、50人、70作品、原画２４０枚を展示した。これ自体はそれほど広くも多くもないため、アジアのマンガ大好き国の台湾人などには期待外れだったようで、訪れた台湾人のＳＮＳでの感想は軒並み悪かった。ただ筆者は、さすがは大英博物館だけに整理されていたと思う。入場料は19・50ポンド（約２８００円）、図録は約21ポンド（約２９００円）、通販サイトでも注文できるし、日本の大型書店にも入っ

大英博物館「日本マンガ展」会場内風景

キュレーターのニコル・ルーマリー

エントランスの看板

ている。

7月12日に観覧し、キュレーターを務めたイーストアングリア大学教授のニコル・ルーマリー（Nicole Rousmarie）から話を聞いた。

日本のマンガに興味を持ったのは、本業の陶磁器研究からでした。最初は古伊万里を研究していて、日本にも留学と客員で滞在したこともあります。

この展覧会では、劇画系や『ＤＥＡＴＨ　ＮＯＴＥ』は出版社のバランス問題もあってわざと入れませんでした。

YouTubeの大英博物館チャンネルでは「Manga Month」と題して投稿しています。

英国ではＢＢＣがアニメをあまり放映しなかったこともあって、かつてはアニメとマンガへの認知は低かったのです。しかし最近ではウェブを通してマンガ好きが急激に増えています。たとえば最大書店のウォーターストーンズのピカデリー店では、マンガは２０１７年まで、グラフィックノベルの一角を占めるに過ぎませんでしたが、２０１８年に２棚、２０１９年には５棚に増えました。

またGosh! Comics、Forbidden planet、Orbital Comics Ltdなどのアメコミ店でもマンガコーナーは充実しています。

メインビジュアルは、『ゴールデンカムイ』のヒロイン、アシリパを使いました。それはやはり日本も多様な文化を持つこと、そしてアイヌの悲劇をではなく、アイヌの強さを描いていて良いと思ったからです。

また開催前のマーケティングでは若い女性の意見を重視しました。西欧でのステレオタイプとなっている忍者や侍ものはなるべく避け、面白いけれども超有名ではなく、時代に合った旬なものを中心に展示しました。

コラボとして、ラーメンチェーンの「wagamama」コヴェント・ガーデン店にアシリパのビジュアルを掲示してもらいました。

大英博物館の展示を訪れた際、折よく日本文化の総合イベント「ハイパージャパン(HYPER JAPAN)」が開催されていた。2009年から年2回開催されており、2017年夏は8万人が来場したという。2019年は7月12日から14日まで展示場「ケン

ロンドン「ハイパージャパン」会場

しゅはまはるみによるトークイベント

ロンドンのマンガショップ、
「フォービドゥンプラネット」

店内の様子。「LBGT＋MANGA」と
書かれた棚が

ジントン・オリンピア」で開催された。筆者は13日夕方に訪れた。

マンガやアニメは一部で、むしろ日本食に主軸があるように見えた。規模はそれほど大きくはない。コスプレは『リゼロ』のレムなどは見かけたが、ほとんどは直接アニメとは関係なくゴスロリが多かったのは英国らしいところか？　この日のゲストは、『カメラを止めるな』で一躍有名になった、しゅはまはるみが登壇していて名シーンの「ぽん」などを披露していた。

ロンドンのマンガ系ショップは、やはり英語でアングロサクソンという共通性からか、アメコミが主流だった。ただしシャフツベリー通りにある米国系の「フォービドゥンプラネット（Forbidden Planet）」は地下1階の3分の1くらいに日本のマンガ・ラノベの英訳本が並べられていた。そこから遠くないレスタースクエア付近にある「オービタルコミックス（Orbital Comics Ltd）」にも日本マンガ英語版のストックがある。

またルーマリーが指摘したように、ウォーターストーンズのピカディリー店は5棚分あった。

アニメ情報誌としては、日本の大手書店でも扱われている『NEO（ネオ）』がある。

もっとも、ジャンルはフランスほど広範ではなく、比較的偏りがあるように見受けられた。筆者としては、『トーキョーグール』など、グロ系が多かったように思えた。

●北米

アングロサクソンと言えば、北米はどうだろうか？

２０１９年８月に米国ロサンゼルス近郊やカナダのトロント周辺を回った。北米は16年ぶりの訪問であった。主目的は本業の台湾語関係の集まりへの出席であったが、残りの時間はマンガやアニメの状況の散策に費やした。

さすがにロサンゼルス郊外はアメコミの本場だけに、アメコミショップがほとんどであり、一軒だけマンガもそこそこ置いてある店を見かけた（Stuart Ng Books）。ただし、米国では大手書店の「バーンズアンドノーブル」、カナダの「インディゴ」のイートンセンター店には、そこそこの品ぞろえがあった。

北米は自家用車がないと移動が困難であり、在住者で乗用車を使って回らないと、なかなか難しいかもしれない。

ただし、アニメイベントは各地で活発に行われているようである。ネット先進地域の北米だけに、おそらくアニメとマンガは各自がネットで鑑賞しているのだろうか？

●中東

ここで注目しておきたいのは、日本ではあまりイメージがよくないと見られる地域や国のことである。

まずは、中東最大の親日国家イランである。イランへの日本人訪問者は口々にイランは心地よかったという。東日本大震災でも、義援金こそ台湾が圧倒的に多かったが、国家政府レベルで最も手厚い関心を示した国の一つはイランであった。国会議長や外相らがあいついで弔意を表明し、協力を申し出ている。

イランの親日は、１９９０年前後、日本への出稼ぎ者が受けた日本への好印象に由来するという。また米国の報道の影響が強くイランに偏見を抱きがちな日本人は誤解しているが、実はイランは、中東の中では自由で多様なほうであり、合理主義的な思考の持ち主が多いのだ。そのイランでは、今の20～30代には、アニメが浸透していてファンも多いという。ただし筆者は意向はあるがイラン訪問を果たせていないので、詳細は不明である。

中東・北アフリカのアラブ諸国も、日本が米国と戦った歴史などを評価して基本的には親日である。

２００５年はヨルダン、２００６年にシリア、２０１１年にチュニジア、２０１２年にエジプト、２００５〜２０１４年にかけてレバノンに６回、ドバイやカタールのドーハに数回ずつの訪問であるが、比較的富裕なドバイにはそれなりにアニメは浸透しているようであった。またシリアでは、日本のアニメＤＶＤの海賊版をいくつか見かけた。『銀河英雄伝説』が目立ったが、下請けはシリアの友好国の北朝鮮であり、イスラエルと敵対しているためナチス的な雰囲気に惹《ひ》かれるのだろうか？

各種報道によれば、アラビア語化された日本のアニメは60タイトル以上あるという。ただし、レバノンではフランス語版、ドバイでは英語版で受容されていると思われる。

アニメを通じて、日本人の道徳や規律を守る姿勢に感心して日本への好感度を強める効果になっているようだ。

またある報道では、２０００年代後半にパレスチナ問題の抗議デモで、涼宮ハルヒが使われた画像を見かけたことがある。どうやって浸透したのだろうか、不思議である。

●関係が微妙な三つの国

今の日本とはしばしば外交問題で衝突しがちな韓国、中国、ロシアにおいても、アニメやマンガのファンの層は厚い。筆者はこのうち、韓国しか実地調査をしていない。中国は政治的立場もあって入国不可能で、ロシアはまだ機会がない。

この三国に共通するのは、アニメやマンガなど日本の大衆文化や伝統文化の愛好者たちは、それと日本との政治関係は別次元だととらえようとする傾向が強い点だろう。つまりこの三国については「日本のアニメ好き」であっても「日本の国が好き」とは限らないということである。

韓国は反日感情が目立つが、若者層にはやはりアニメファンがいる。筆者は２０１４

～16年に何度か早稲田大学に比定される私立大学最高峰の高麗《コリョ》大学校（韓国では正式の総合大学を大学校と呼ぶ）のアニメサークルを訪ねた。思想的には左翼で、歴史認識では反日であったが、アニメは別だとしていた。また学生会など反日左翼の牙城にもアニメファンは多く、アニメファンであることで「親日派」とレッテル張りされることもないとのことだった。

さらに芸術大学として知られるソウル西部の弘益《ホンイク》大学校の周辺には、いくつかマンガ店が軒を並べている。芸術系大学の近辺にあるのは、一種の「芸術作品」という位置づけだからだ。加えて「芸術作品」と位置付けることによって、「親日派」攻撃を避けようという深謀遠慮もあるのかもしれない。

店としては「ブック・セトン」が最大で品ぞろえもよい。マンガもラノベもある。また日本の影響を受けた韓国オリジナルのマンガ（マナ）、ラノベも売られていた。もう一つはやや店舗面積は小さくなるが、「ハニャン・トゥンク」も日本マンガ専門店である。いずれも二次創作同人誌イベントの案内も置かれたりしている。

ソウルの目抜き通りの世宗大路にある最大書店「教保文庫《キョボムンゴ》光化門《クァンファムン》店」、また「永豊文《ヨンプンムン》庫《ゴ》鍾路《チョンノ》店」にも日本語書籍コーナーがあって、日本のマンガやラノベの原作が売られているほか、韓国語の翻訳もそろえられている。

一方、韓国の若者の間でも、ラブライバー（『ラブライブ！』のファンのこと）は多い。２０１５年7月にはソウル駅構内に「矢澤にこ」誕生日（7月22日）を祝う広告が掲げられた。着物を着た女の子キャラのイラストとともに、「大銀河宇宙№１」というコピーと「YAZAWA NICO HAPPY BIRTHDAY!」の文字も添えられていたという。「にこにこ団」というクラブのホームページでネット募金を展開し、約１５０万ウォン（約15万円）を集めて、広告を掲載したのだという。

また韓国でははるか昔、少なくとも１９６０年代にはマンガは米国タッチではなく、日本タッチが主流であった。今では日本の萌え絵の影響もあって、萌え絵が多い。

韓国はネット先進国とされており、アニメファンの主力もネットと見られる。実際、YouTubeのアニメ関係動画は、韓国人によるアップ動画であることが多い。コメント欄で韓国語もよく目にする。

ＫＡＤＯＫＡＷＡも現地出版社と提携して、１９９９年から韓国版の『Newtype

Korea』を出している。

「反日」とされる韓国でも、アニメ・マンガ好きの層は厚い。

また、中国であるが、筆者は、実地取材はしていない。ネットや本で情報を集めているだけである。

中国政府の場合、そのときどきの都合で親日と反日にブレている。そして一党独裁国家で表現規制も厳しい。だがそうした不安定さにもかかわらず、人口が多いこともあってか、経済発展を遂げた沿海部の大都市における中間層の子弟にアニメ・マンガファンが多いという印象だ。

韓国でも例に出したラブライバーであるが、中国でもラブライブのラッピング車両が登場した。２０１４年８月には上海ではオタクが電車に向かって土下座をして物議をかもした。内陸の重慶にも２０１５年３月にはラッピング電車が出現したという。

中国のアニメファンは、数年前まで土豆《トゥードウ》や優酷《ヨウク》を通じてアニメを視聴していた。そのころはまだ中国国産アニメはまったく人気がなく、アニメと言えば日本アニメを指していた。ただ動画サイトとしては近年「ビリビリ（bilibili）」が台頭した。ビリビリはデザインも日本風であり、ビリビリを通じて日本アニメを見ている人は中国だけでなく、東南アジア華人も含めた中国語圏では多いと見られる。

その結果、日本好きになり、日本、特にアキバ詣でに発展する。

アニメイトは現在正式の店舗は中国に開設していないが、別の店舗にアニメイトコーナーを設置しているし、ジブリもアンテナショップをいくつか出店しているらしい。

中国でもオリジナルマンガのタッチは、明らかに日本風であり、萌え絵も多い。

そのため、中国人の中から、日本のマンガに影響を受けた作風の漫画家や作品が数々登場している。そのなかのいくつかは日本でもアニメ化されている。

潜在的には反日国家と見られている中国でも、地域や世代によっては、日本アニメの熱狂的なファンがいる。また人口も多いだけに、親日の人もいるようである。

ロシアは、19世紀以来、日本文化の愛好者が多い国である。ロシア人から見て、文化的にリスペクトできる国は、フランスと日本だそうである。ロシア人に会ってもリスペクトは伝わる。特に文学に多く、ソ連時代にも日本文学愛好家が多かった。今の若者はそれがアニメとマンガに移行しているように思える。アニメの正規版ＤＶＤも様々な作品で出されているほか、違法アップロードサイトも多く、マンガも多くのタイトルが訳されているようである。ちなみに、東京のロシア専門書店「ナウカ・ジャパン」で見たロシア語訳のタイトルとしては、日本でアニメにもなった『魔法使いの嫁』があった。

またアニメキャラのコスプレが大人気のようである。日本のアニメイベントでも、ロシア人のコスプレイヤーに何人も遭遇する。フィギュアスケート選手のエフゲニア・メドベージェワがコスプレイヤーであることは有名である。

ただし、ロシアの日本文化愛好者は、必ずしも親日であるとは限らない。北方領土問題でも日本を支持してくれるわけではない。

筆者は、ロシアも訪問したいとは願っているが、なかなか機会をつかめずにいるため、これらはいずれも伝聞による。

いずれにしても、韓国、中国、ロシアは、日本との関係が微妙な国だ。韓国は民主主義国家と言っても、日本に関する言論には大きな制約がある。中国は言わずとしれた共産党一党独裁で言論統制が厳しい。ロシアは一応民主的に見える選挙が行われており、中国ほど抑圧的ではないものの、言論の制約は大きいと見られる。

そのため、この3か国のアニメファンは、そのまま素直に「親日」とは言いにくい部分もあろうし、当然のことながら国益は優先されるであろう。いずれにしても、この3か国については、後述するクールジャパン戦略を展開するうえでも、一筋縄ではいかないということである。

だが、韓国、中国、ロシアにおいても日本のアニメやマンガの愛好者の層はかなり厚いことは認識しておきたい。

第4章　グローカルビジネスの可能性

弘南鉄道の『ふらいんぐうぃっち』ラッピング車両

本書のテーマの一つは、グローカルビジネスの在り方である。本題に入る前に「グローカル」という言葉について、改めて定義を見てみよう。

グローカルという概念は、グローバルとローカルを組み合わせた造語である。国際的視野を持ちながら地域で行動する、あるいは地域の特色や特性を生かして世界で行動することである。

実はもともとは、日本企業が営業戦略として1980年代に使い始めていた「グローカリゼーション」から始まる。それを1990年代に英国のローランド・ロバートソンが「世界普遍化と地域化の傾向が同時に起こること」（ブリタニカ百科事典英語ネット版）という社会学概念として使い、さらにジグムント・バウマンらによって一般化された。いかにも英語固有の表現のように見えるが、本来は日本から生まれた言葉である。

グローカルビジネスと言えば、国も重視する政策を掲げている。

令和になったばかりの2019年5月15日、経済産業省がまとめた「グローカル成長戦略」という提言書だ。

ここでは、世界市場をグローバル、地方企業をローカルととらえて、人口規模が小さい市場を相手にしてきたローカルが、製品・農林水産物・サービスをグローバルに直接売り込めるようにする、という戦略が提示されている。

この背景には少子高齢化・人口オーナス（生産年齢人口の減少）に伴う国内市場の縮小に対する、国なりの危機感があるのだろう。

ただし、これまで海外との接点がなかったローカル企業にとって、海外への直接売り込みと言われても雲をつかむような話である。そこで提示されている前段階として、外国人観光客誘致によって、外国人の間で日本の地方への認知を高めてもらい、地方中小企業の輸出機会拡充につなげるという目論見である。

ちなみに、この提言では「日本での消費により外貨を獲得すること」をインバウンド、「モノの輸出等による外貨獲得」をアウトバウンドとしている。アウトバウンドについては一般の用法とは少しズレるが、そこはまあいい。

要するに観光客を増やせば、地方中小企業がこれまで縁がなかった海外市場の開拓につながりますよ、ということだ。

本章では、具体的にどういう展開が考えられるのかを考えたうえで、本当にそれがうまく行くのかについて疑問を提示したい。

■インバウンド増加政策

経産省の提言では、インバウンド、具体的には観光客誘致がすべての始まりだとする。これは安倍政権が2012年に再登板してから、一貫して掲げている政策である。それが2013年9月に、2020年五輪が東京開催と決まったこともあって、観光誘致に拍車がかかった。当初は2020年の訪日外国人観光客数は、2000万人、消費額を3兆5000億円と設定していたが、2015年にはすでに訪問客が2000万人弱、消費額が3兆5000億円近くになったため、2016年3月に「明日の日本を支える観光ビジョン構想会議」で目標数字がアップされた。

つまり、訪日外国人旅行者数は2020年で4000万人、2030年に6000万人。訪日外国人旅行消費額は2020年に8兆円、2030年に15兆円というもの。さらに地方部での外国人延べ宿泊者数を2020年に7000万人泊、2030年に1億

3000万人泊、外国人リピーター数は2020年に2400万人、2030年に3600万人と設定しなおした。

　事実、日本の観光ソフトパワーは強く、潜在的成長産業なのは間違いない。

また、国の成長戦略は観光の先も見通しているという。ある地方自治体から聞いたところでは、まずは観光を増やして、さらにグローカルビジネスを振興させ、海外市場を新たに獲得する。それを原資にして将来的には少子高齢化を見据えて、福祉産業を発展させるという構想らしい。

　もっとも、構想はあくまでも構想であって、現実は様々な不確定要素や変数が存在し、構想通りに順調に進むわけではない。事実、本稿執筆中の2020年1月から広がった武漢肺炎ウイルス（新型コロナウイルス）問題が発生し、五輪とインバウンド目標の達成は暗雲が垂れ込め始めた。

　とはいうものの、インバウンドの増加という戦略そのものは、長期的には間違っていない。

　日本は観光スポットを多く擁し、日本製品への信頼性も高いため、観光は潜在力が高い分野だからである。

逆に、2000年にたかだか約475万人しかいなかったのがおかしかったのである。文化と観光大国のフランスは年間の外国人観光客は8000万人以上を数える。もちろん欧州の各国が至近距離にあり（パリからブリュッセルなんて特急で1時間半だ）、大陸内での移動は陸路で乗用車でも気軽に行けることを考えれば、日本が同じ数字になることはあり得ない。

だが、日本が持っている観光地としての潜在力は、フランスに劣っているわけではないので、日本では6000万人は見込めるだろうという想定は非常識とは言えない。

では、外国人が日本観光に期待していることは何か？

まず、観光庁が発表している「訪日外国人消費動向調査」の2018年年次報告書によれば、「訪日前に期待していたこと」（全国籍・地域、複数回答）は、「日本食を食べること」（70・5％）、「ショッピング」（54・4％）、「自然・景勝地観光」（46・5％）、「繁華街の街歩き」（41・7％）の順で多かった。

日本人の国内観光についてはすでに「モノ」消費（ハード）から「コト」消費（ソフ

ト）にシフトし、訪日外国人もそうなりつつあるという指摘もある。ここで言う「コト消費」とは、商品やサービスそのものよりも、その使用価値を重視した消費行動とされる。今まではショッピングが目的で来ていた人が、日本文化や食事を楽しみに来日しているというのだ。それは、具体的には、「旅行やレジャー、スポーツ、エステ、セミナー、習い事、趣味、芸術鑑賞、イベント参加、パーティー、安心・安全、健康、快適、環境配慮」（iFinance「日本経済用語集」）などとされる。

前記の統計では日本食や景観が上位二つを占めており、「コト」消費に移行しつつあると言える。もっとも、日本食は食材に関係するもので「モノ」消費でもあり、景観を楽しむためには公共交通機関での移動や土産物屋に立ち寄るなど「モノ」消費も関係する。その意味では経産省の提言する、インバウンドから「モノ」消費と輸出市場開拓につなげるという戦略はあながち的外れではない。

■アニメ聖地巡礼は訪日客全体の1割程度

ちなみに、本書の主軸はインバウンドについて考えることであるが、アニメ聖地巡礼を具体的な題材に挙げた。ではアニメ聖地の吸引力はどうだろうか？

　前述の観光庁「訪日外国人消費動向調査」２０１８年版では、「訪日前に期待していたこと」として「映画・アニメ縁《ゆかり》の地を訪問」は４・９％、「日本のポップカルチャーを楽しむ」は９・８％に過ぎなかった。「今回したことと次回したいこと」についても今回／次回／満足度（単位％）の順では、「映画・アニメ縁の地を訪問」が４・６／９・２／92・５、「日本のポップカルチャーを楽しむ」は12・７／13・０／91・８。満足度は他の項目と同じように高かったが、比率としては多いとは言えない。

　つまり、「アニメ」に限定せず、「映画ロケ地」なども含めてかさ上げ（？）したとしても、訪日観光客全体の中でアニメ聖地巡礼が目当ての人は、せいぜいが１割程度に過ぎない。

　しかも、日本政策投資銀行（ＤＢＪ）と公財日本交通公社（ＪＴＢＦ）が共同で行っている「ＤＢＪ・ＪＴＢＦ　アジア・欧米豪　訪日外国人旅行者の意向調査（２０１９年度版）」によれば、「訪日旅行で体験したいこと」の選択肢の一つに「ドラマや映画のロケ地・アニメの舞台の見物」がある。これに対して、訪日客のボリュームが多い台湾でも全体359人のうち12人、中国は287人のうち20人、タイは254人のうち18人が選んだに過ぎない。

つまり、外国人の中でアニメ聖地巡礼客が多そうな台湾・中国・タイですら、3〜10%程度に過ぎないのである。

もっとも、これはアニメファンがもともとマスなものではなく、マイナーなサブカルチャーの世界の住人であることから来る必然的な話である。

角川アスキー総合研究所の遠藤諭が2019年3月にネットに発表した「海外のどこで日本のアニメは見られているのか?」では興味深い指摘がなされている。アニメタイトルについて、Wikipediaで項目がある言語数を比較している。もちろん「Wikipediaが一人でも勝手に編集できる」ことを織り込んだうえでの「傾向」としてではあるが、アニメに限定しても、日本のアニメの世界での存在感はそれほど大きくはない。アニメとしては、やはり米国のディズニーとマーヴェルが圧倒的で、100言語を超えるものもあるが、日本の作品で最高は『ドラゴンボール』の98言語（当時）だという。そして2015年にローランド・ベルガーが推計した数字では、日本アニメ産業の世界市場シェアは4%程度だという。これは興行収入なのか番組数なのか定かではないが、すべてのコンテンツの中ではそんなところだろう。ただしアニメだけで見れば、世界のテレビで放映されているアニメ番組では、全放送の6割のシェアがあるとも言われている。

やはり日本のアニメは、絶対数としては決して大きくはない。

■アニメファンの忠誠度の高さ

だが、それでもアニメ聖地巡礼に注目するのは、アニメファンの「忠誠度」が高いからである。ここで言う「忠誠度の高さ」とは、「アニメファンがそのままアニメイベントやアニメ聖地などに足を運ぶ比率が、他の文化領域に比べて高い」と見られる点である。他の文化領域とは、文学や商業映画である。

たとえば、われわれはハリウッド映画を見たところで、米国カリフォルニア州のハリウッドに足を運ぶことはほとんどないだろう。少数はいるかもしれないし、もともとパイが大きいので、それでも絶対数としては多くなるだろうが、比率としてはごく一握りであろう。小説を読んでその舞台地に行くことも昔からあった。だがいちいち足を運ぶ人はごく少数だろう。もちろん先にも挙げたシャーロッキアンを生んだ『シャーロック・ホームズ』シリーズのような例はあるが、あくまでも例外である。

だが、アニメファンの中で聖地巡礼をする人の割合はかなり高いと見られる。最低でも5%くらいはいるのではないか？　ハリウッド映画を見てハリウッドへ行く人の割合は0・001%くらいではないか？　具体的な統計を取ったわけではないが、視聴率、円盤売り上げ、現地訪問客などを比較した目算ではそんな感じである。

またアニメ聖地巡礼客は、その多くがリピーターになり、さらに日本文化や日本そのものを好きになる割合も高い。

それは第3章のマレーシアの部分でも引用したアニメイベントブース出展者の話にも表れている。それだけでなく、台湾やフランスなどで出会ったアニメファンの何人かからも同様の話を聞いた。

そもそも現在、海外では日本語学習者が毎年増えている。

独立行政法人国際交流基金が2019年10月に発表した「2018年度海外日本語教育機関調査結果（速報値）」によると、日本語学習者は142の国・地域で384万6

773人という。

もっともこれは「公的機関における学習者」に限られているようで、語学学校や自習の類が多い台湾の数字は相当過小評価になっている。台湾の学習者がたかだか17万人ほどで、しかも前回の2015年より5万人も減っているというのは、およそ実感に反する数字である。

また筆者は世界各地を訪れた際、各地の大型書店で2種類のジャンルの本棚を観察することにしている。一つはマンガ現地語訳のスペース、もう一つは日本語学習書のスペースである。

親日で知られる台湾では、英語より日本語の学習書のスペースが大きな書店も多い。もちろん英語の場合は学校参考書を含めたら日本語の数倍になるだろうが、純粋な語学書としては日本語のほうが多いのである。

台湾以外の世界各地でも、アジアのメジャー言語である中国語（北京語）、日本語、韓国語を見ると、日本語が中国語や韓国語よりも多い。アジア諸国では日本語が5棚あるとすれば、中国語や韓国語が3〜4棚である。欧州諸国ではもちろん欧州語のほうが多いのは当然だが、アジア言語としては、日本語が1棚だとすれば、中国語と韓国語を合わせて1棚などといった塩梅である。

もちろん今時の若者は紙の本だけが教材ではないだろうから、これだけでは根拠としては不十分だが、おおよその傾向としてはつかめると思う。

日本語の学習動機も「マンガ・アニメ等への興味」が多い。

国際交流基金の前記調査でも、「マンガ・アニメ・J－POP・ファッション等への興味」として、2015年に63・6％、2018年に66・1％となっている。もちろんこれはマンガ・アニメだけに限らないし、ほかの調査では台湾と香港についてはドラマやJ－POPも大きな動機になっているようである。

とはいえ、こうした話も聞いたことがある。現在世界各地の大学では、日本とは交流がなさそうな都市にある大学でも、日本語学科が設置され、日本語サークルやアニメ・マンガサークルがあるという。

たとえばモンゴルに近いロシアのウラン・ウデ市にあるブリヤート大学を訪問した人によれば、日本語学科の学生のほとんどがアニメオタクだったという。これはアゼルバイジャンについても聞いたことがある（いずれも旧ソ連圏の例だが）。

■アニメの魅力

では、なぜアニメがそこまでファンの熱狂度と忠誠度を高めるのだろうか？

一つはアニメはロケハンされた風景が風化しないからだろうという点だ。

ドラマや映画などの実写ではどうしても風景があとで変化してしまい、風化してしまう。それがまた「当時の風景」の貴重な記録にもなるが、鑑賞者はどうしても現実との違いに違和感を覚えるだろう。だが、アニメの場合は、現在は現実の風景をもとに緻密に描かれているとはいえ、やはりそれは「絵」であって現実の風景そのものではない。しかも実際に現地を訪れたらわかることだが、どう見ても常人では見られないアングル（幽体離脱したように10メートルくらいの高みから見るような）やデフォルメや創作を加えているものもある。

現実とはやはり異なる絵であることで、様々な想像力も生まれる。

したがって、ＮＨＫの朝ドラや大河ドラマだと放映以降1年くらいで下火になる舞台地探訪も、アニメでは一度人気になった場所では３年、それ以降は徐々に下火になるとはいえ10年でも訪れるリピーターがいることになる。

そこで、話題になったアニメ聖地では、様々な取り組みをすることになる。

もっとも、それでも２００２年の『おねてぃ』（長野県大町市）は放映時点では地元が積極的に行うことはなかった。地元が聖地観光化に取り組んだ最初の例は、おそらく２００７年放映の『らき☆すた』（埼玉県久喜市）であろう。ただ、制作側は「あくまでもヒントやモデルであって、聖地や舞台地とは言えない」と否定するのが常であった。

制作側が最初から舞台地であることを公認し、地元自治体などと提携して聖地化をしたのは、おそらく２０１１年テレビ放映の『たまゆら』（広島県竹原市）からであろう。それ以降も、制作側が公式に舞台地であることを認めない例があるとはいえ、最初から地元自治体などとタイアップして地域振興も狙ったものが増えた。そして、制作側は公式には認めていないにせよ、世界的大ヒットとなった『君の名は。』によって、聖地巡礼は一挙に一般人にも知られるところとなった。

ここでアニメ聖地について、インバウンドやグローカルとの関係で考察するためにも、

第2章で挙げたアニメ聖地となった地元の取り組みをまとめておきたい。

まずは「巡礼マップ」と呼ばれる舞台地の場所やアニメ場面を併記した地図である。「聖地巡礼マップ」とうたったものもあるが、「舞台地マップ」あるいは「舞台地モデルマップ」などと制作側の意図によって様々な呼び名がある。

そして、地元でファンが行きつけのカフェ・喫茶店、観光協会、舞台地などに設置されるのが「巡礼ノート」あるいは「交流ノート」と呼ばれる、ファンが手書きで書き込むノート帳である。これは50冊に及ぶところもある。外国人が書き込む例も多く、『氷菓』の聖地岐阜県高山市の喫茶店「バグパイプ」では、世界各地のファンの書き込みがある。

アニメキャラを車両に描いたラッピングの列車やバスも人気がある。これはビジュアル的に楽しめるためと、第2章でも指摘したように、アニメファンに写真マニアや鉄道オタク（鉄ちゃん）を兼ねている人間が多いことにもよる。過疎地であれば、列車の便数が少ないため、停車時刻など比較的自由に設定できるので、ファンイベントがあるときにはファン向けサービスをする鉄道会社もある。石川県穴水町に本社がある「のと鉄道」による『花咲くいろは』のラッピング車両がその典型である。

アニメ関連グッズも重要である。これはキャラクターをモチーフとしたキーホルダー、飲料ボトル、クリアファイル、地元祭り用のポスター、ポストカードといったものだ。これに「地元限定」「祭り限定」などと銘打つと、希少価値があるため、ファンの垂涎《すいぜん》の的となる。これはＡＫＢ商法の応用だと思われる。

それから声優イベントである。本来声優は「ヴォイスアクター」、つまり声による演技だけで勝負する職業のはずだが、最近は男女問わずビジュアル、つまり顔が重視される傾向にある。しかも主題歌を歌い、キャラクター独自の歌（キャラソン）も出す。そのため、アニソンイベントやトークショーも開かれ、歌って踊れることも前提になる。歌も２０１０年ごろにはまだ下手な声優もいたが、２０２０年現在では底上げされ、音痴はおらず、メジャーな流行歌手に引けを取らないほどうまい声優もいる。さらに、より重視されているのは踊りのようで、踊りは総じてうまい。

ラッピング車両などとも関連するが、スタンプラリーやフォトラリーが行われることも多い。これは聖地となった市内のいろんな場所を散策してもらうことで、その街を知り、好きになってもらいたいという意図がある。人数では少ないところでも３００人、多いところでは1万人に近い申し込みがある。達成すると限定のポストカードなどがもらえる特典もある。

また、関連する場所の商店街によってはポイントを付けるなどの特典を行い、それによって賑わいを取り戻したケースもある。

■アニメはモノ、コト、ヒト消費を含む

アニメ聖地の特徴はそれが、モノ消費、コト消費、ヒト消費のすべてを包摂している点である。モノ消費はグッズを買ったり、現地に行くための交通手段であったりする。コト消費はアニメ聖地の風景などを見てキャラクターと重ね合わせて感慨に浸ることである。そして、ヒト消費は最近、若者が移行しつつあると指摘されているもので、鈴木貴博「日本の若者たち、『コト消費』から『ヒト消費』に激変していた…!」（現代ビジネス）によれば、おいしい料理だとかお得なキャンペーンなどはさほど重要ではなく、集まるメンバー、ヒトとのつながりを得るための消費である。そして実際、目先が利いた「ホットペッパーグルメ」や「ぐるなび」といったサイトは幹事さんを囲い込むこと

に力を入れているが、それは客はヒトについてくるという考え方があるからだ、というのである。

そういう意味では、アニメの声優イベントは、ヒト消費の典型だとも言える。声優ファンだからそれについていく。

またアニメ聖地に通ううちに、アニメ作品を通り越してその土地自体が好きになるケースもある。特にそれは広島県竹原市、茨城県大洗町、長野県大町市などで、地元の人への聞き込みから指摘されている。

アニメ聖地巡礼客を「作品クラスタ」と「地域クラスタ」に区分することがある。「作品クラスタ」とはあくまでも作品そのものへの愛着を持つ人たちのことである。たまたま聖地がそこだったということである。「地域クラスタ」は聖地になった地元そのものに愛着を持つ人たちのことである。そして往々にしてこの二つのクラスタは交わらない。

何消費かという分類に従えば、「作品クラスタ」は「コト消費」が強いが、グッズ購入による「モノ消費」の部分も強いだろう。「地域クラスタ」の場合は、モノやコトの部分もないわけではないが、最も大きな要素は「ヒト」消費であろう。

それは地元の人たちへの心理的な影響も大きい。岐阜県飛騨市で行政担当者が言っていた。「アニメファンが各地から訪れて、これまで過疎化が進む一方だった地元の中高年がファンと話をすることでコミュニケーション力を向上させ、元気になり、それでファンも楽しくなって、再びやってくるという好循環が生まれた」と。

前述したように、アニメファンは絶対数は決して多くはない。竹原市などでは今でも定着している人は、せいぜい100人程度であろう。だが、過疎化が進んでいた地域にとっては、100人程度の純増で、しかもリピーターであれば、大きな効果を経済的にも心理的にももたらす。これは前著でも紹介したが、茨城県大洗町では東日本大震災の津波被害で伝統的な海水浴客が激減し、意気消沈して病気がちになった店主がアニメファンによって元気になったということだ。そうやって一人ひとりの生きがいを作りだした効果は、経済効果などの金額では表せない偉大なことではないかと考える。

ここでまとめると、確かにアニメ聖地巡礼は数量としてはそれほど大したことはないかもしれないが、過疎地にとっては大きなプラスである。そして、今指摘されている消費の傾向であるモノ、コト、さらに若者による新たなヒト消費のすべてがアニメ聖地巡礼に含まれているという意味で、時代を先取りしているとも言える。

■地方各地も探訪する台湾人

これをインバウンドについて当てはめれば、外国人のアニメ聖地巡礼客は、リピーターになって、アニメ以外の日本文化、そして日本そのものが好きになり、将来的にも日本製品を選好してくれる確率が高い。

これについては第3章でマレーシアのアニメファンの言を取り上げたが、もちろん親日として有名な台湾についても当てはまる。

台湾では、アニメやマンガのファンが多いが、そこから日本の歴史、特に人気アニメ・ゲームの舞台に多い戦国時代や幕末への関心、さらに地理への関心にもつながっている。

外国人訪日客の行き先は、前記の観光庁やＪＴＢなどの調査が指摘するところによると「ゴールデンルート」と言われる有名な場所がほとんどだ。東京なら浅草、スカイツリー、ほかには富士山、京都の金閣寺・伏見稲荷などの神社仏閣、大阪の通天閣、札幌の雪まつりなどである。

だが台湾人の観光客の、他の外国人にない特徴としては、その訪問先が日本人でも知らないようなマイナーな場所、全国津々浦々にまで及んでいることである。

筆者が台湾に住んでいたころ、同僚から「今度鳥取の三朝《みささ》温泉に行くけど、どんなところ？」と聞かれて驚いたことがある。筆者も行ったことがない。また2018年に北海道を調査で周遊した際、釧路湿原あたりを通過したときに写真をSNSに載せたところ、台湾人の友人から「あそこに行ったが、つまらなかった」と送られてきた。

これはあるアニメオタクの台湾人が解説してくれたが、「有名な場所だと中国人が多くて、それを避ける意味もある」という。特に、今の台湾の若い世代には中国への違和感が高まっているからである。

だから話に聞いたところでは、徳島県の大歩危《おおぼけ》では、台湾人しか来ないためもあってか、地元の人が簡単な台湾語でなら会話ができるという。ここでのポイントは、戦後台湾で国民党政権が公用語として押しつけた北京語ではなくて、台湾で庶民が普通使う台湾語であることだ。

逆に言えば、経産省のグローカル戦略は、実は台湾のアニメファンの行動の発展パターンをモデルにして策定しているのではないか。ただし、本当にグローカル戦略の想定通りに進むかについては、疑問もある。それは次章で指摘したい。

■インバウンドはアジアが中心か

経産省のグローカル戦略提言で、地方企業の輸出促進の「アウトバウンド」としては、「地方にある高度な技術を有する中小企業『ニッチトップ』が国際化を進め、世界市場（グローバル）に対して、地方企業（ローカル）が製品・農林水産物・サービスを直接売り込む」ことが想定されている。

ここで想定すべきは、欧米よりは距離的に近いアジア諸国ということになろう。欧州は遠すぎる。直行便があるところでも9～13時間はかかる。直行便がなければ乗り継ぎなども含めたら一日がかりになることもある。中高年では腰痛になり疲れてしまう。

またアニメイベントに関係している人は、欧州でアニメなどの観光イベントに出展してインバウンド誘致を狙っても、費用対効果が悪すぎると指摘する。パリの「ジャパンエキスポ」などのブース料は、かつて100万円以上した。近年は安くなったようだが、それでもある自治体によると、36万円という。これに複数の出展担当者の交通・滞在費、さらに代理店などへの手数料なども含めたら、安く見積もっても、やはり200万円はかかりそうだ。そこまでして、マイナーな地方都市にフランス人が何人足を運んでくれるかというとかなり疑問である。

そうすると、やはり費用対効果が高いのはアジア諸国ということになる。

日本政府が手っ取り早く考えだして、ボリューム的に期待しているのは人口大国中国だったのだろう。インバウンドで2020年に4000万人という数字は、半分近くを中国に期待したものではないか？　だが、中国に依存することはリスクが高い。それは次章でも述べるが、武漢肺炎と米中対立による中国経済そのものの衰退が関係する。

■「華人」とは何か？

中国への期待の延長として、「中華圏」や「華人ネットワーク」に期待する論調もよく目にする。アジア全体と言いたいなら、話はわかる。

だが、「華人」「中華圏」なるものが実在するのか、筆者はかなり懐疑的である。その前にまずは「華人」「中華圏」とは何かについて検討してみたい。

まず「華人」である。日本ではまだ「華人」という概念が一般的に認知されていない。「華僑」という言い方もまだ多用される傾向にある。だが「華人」という用語が使われる東南アジアにおいては、「華人」と「華僑」は明確に区別される。

「華人」とは、移住先の国籍を取得した中国系移民とその子孫のことであるが、「華僑」とは移住先の国籍を取得せず、「中国」籍のままの中国移民とその子孫のことを指す。つまり国籍がどこにあるかで明確に区分されている。意識も異なる。華人、特に若い世代においては、居住国こそが「祖国」「我が国」である。

たとえば、マレーシア華人の例である。様々な年齢層の人に聞き取りをしたところ、おおよその目安として年齢が50歳以下の華人であれば、マレーシアこそが「自分の国」であって、中国はあくまでも外国である。そのため、たとえば南シナ海をめぐる領土紛争については、若い世代の華人なら「マレーシア」側に立って中国を非難するのが普通である。むしろ中国に反感を持っている場合もある。ただし、高齢者の一部には、マレー系優遇政策への反発やマレー系への蔑視感情もあって、「中国」に対する帰属意識が強く、中国の肩を持つ人もいる。

これはやはり国籍が大きな作用をしている。1970年代、東南アジア主要国であるタイ、マレーシア、フィリピンでは、中国移民の多くは「中国籍」を持つ華僑であった。だが、これら三国に加えてインドネシアは、独立時に中国共産党につながる国内共産党ゲリラとの戦いを経験しており、強烈な反共政策を維持していた。そして、ここで言う「中国籍」とは「中華民国」を指していた。ところが、国連で中華民国が中国代表権を否定され、各国は中華人民共和国を「中国」と認めて、国交を樹立することになった。すると、国内にいる中国移民が「中国籍」のままだと全員共産党中国の在外国民ということになって、各国の反共政策と衝突することになる。それではまずいため、これらの国は中国系移民に現地国籍を与えることになった。これが「華人」である。

もちろん現地国籍が与えられても、多数派民族から見れば「中国からやってきたよそもの」であり、1990年代ごろまでは、まだまだ現地社会に融合できていなかった。だが、その子や孫ができて、はじめから現地国籍を持つ孫世代が育つ2000年代以降になると、「華人」は「現地国民」となっていったのである。

そのため、今のマレーシア、タイ、フィリピン、インドネシアの華人、特に若い世代の自己認識は、「中国移民」ではなく、あくまでも現地で育ち、中国など知らない現地国民なのである。

中国の諺《ことわざ》には確かに「血は水より濃い」というものがある。「中国人は世界のどこに行っても、いつになっても中国人のままだ」という思想もある。だが、実際のマレーシアなどの華人、特に50歳以下の人々と話していると、そうした意識は薄いか、ほとんどないのが現実だ。

ここに、いわゆる「華人ネットワーク論」のおかしさが見られる。華人は「中国人としての血統」にこだわらないからこその「華人」なのだから、華人だからといって中国を愛するわけではないし、中国とそのままつながるわけではない。

■「中華圏」という幻想

また「中華圏」「大中華圏」という言い方もある。これは中国を中心として、香港・

マカオ、台湾、さらに時折シンガポールなどを含めた華人が多い国や地域を指すものとされる。

だが、台湾研究者としては、台湾を含めるのは間違いだと指摘しておきたい。台湾は多民族社会であり、オーストロネシア系の先住民族（台湾では原住民族と呼ぶのが正式である）が少数（2％）ながらいる。また戦前から台湾に住んできた住民とその子孫の総称である「本省人」は85％であるが、この「本省人」もまたオーストロネシア系先住民族で西部平原にいた「平埔族《へいほ》」と福建《ふっけん》や客家《はっか》の漢人との混血とその子孫である。しいて言えば、戦後、中国国民党とともに中国大陸から移民してきた「外省人」が「純粋な中国人」と言えるかもしれない。だが、「外省人」も、若い世代が台湾生まれの3世4世となっている今となっては、中国に愛着を持っていないので、「中国人」ということは的外れであろう。今の台湾は「中国ではない台湾」というアイデンティティを確立しつつある。そして、台湾を併合しようとたくらむ中国に嫌悪感や反感を抱く人も少なくない。そうである以上は、台湾を「華人」「中華圏」呼ばわりすることは、台湾人の感情を傷つける場合がある。

また、台湾人は、個人の性格はマレー系との親和性が高いと考える。

実際「FUN! JAPAN」のサイトでも、国民性や対人関係の特徴については、台湾人と、マレー系が主体のインドネシア人では、同じことが書かれている。いわく「おしゃべりが好きで明るく、誰とでも打ち解けようとするオープンな性格。フレンドリーなため、ストレートな物言いをするときがあります。また、素直な性格の人が多いため、日本人の建前が本気で受け取られる場合があります」「おおざっぱな性格の人が多いです。自由を好む傾向にあり、他人の視線をあまり気にしません。また、時間にルーズな人が多く、多少の遅刻には寛容です」。その意味でも台湾は中華圏ではない。

だが、こうした反論もあるだろう。「現実に台湾の中国への経済依存度は高いし、マレーシア華人も中国に行きたがる傾向が強い」と。だが、中国への経済依存度が高いのは、韓国・北朝鮮・ベトナムもそうである。この三国も歴史的には中華帝国に直接支配されたか、朝貢・冊封国として隷属してきた。であればこの三国も間違いなく「中華圏」であり、「中華圏だから中国に親近感を持つ」と言えるはずだ。ところが、多くの「中華圏」論者はそうとは見ない。また、それほど歴史的な中華文化の継承を重視するのであれば、日本もまた「中華圏」になる。血統成分的に日本人に最も多いのは江南人の成分である。

むしろ中国依存度は文化とは別に、地理的な近接性と経済合理性のみから説明されるべきであろう。

そしてビジネスの観点では、台湾企業や台湾人が中国に進出する場合には、日本人・企業と連携したがる傾向がある。それは台湾人だけだと、台湾を国の一部として中国公民と同等にしてしまう中国では、権利面で不利になりがちだからである。つまり中国の体制を信用できない。そのため、アジアの大国で中国とも国交を持っている日本の企業と結びつくことで安全を確保したいのである。そして、日本企業にとっても台湾企業と連携するメリットはある。なぜなら台湾人は戦後に押しつけられたとはいえ中国語（華語、北京語）教育で育ち、中国人とは意思疎通が可能だし、中国国民党の支配を通じて、中国的な習慣を悪質な側面も含めて理解しているからである。日本人では中国社会を悪質な面を含めてまでは理解できない。

しかも台湾人の場合、様々な国家や民族が出入りしてきた歴史的背景から、東南アジアにおいてもアドバンテージが発揮できる。ベトナムは華南の中華文化の色が濃いところであり、伝統習俗や価値観などの面で台湾人には理解しやすい。台湾が多民族・多文化社会である点は、アジアでビジネスを展開するうえで有利に働く。そこは日本には欠けている点である。

それらの理由から、これまで日本企業が中国や東南アジアに進出する前段階に、台湾をパイロット市場として選択するケースが多かったと見られる。キリンビールは中国と東南アジア展開の前に、台湾でマーケティングを行った。ゼンリンも東南アジアへの展開に際して台湾をテスト拠点に選んだ。

■「中国人の血統」というとらえ方の危うさ

その意味では、「華人」や「中華圏」なるものは、実体ではない。

思うに、こうした「華人ネットワーク論」や「中華圏」という言い方は、1940～70年代に世界中で旧植民地が独立して民族国家を建設した時代のはやりである「民族の血統論」に立脚した考え方ではないかと思う。そもそも「民族の血統」なるものは存在しない。民族というのは、そういう風に思い込んでいる集団が作った共同幻想に過ぎない。要するに単なる虚構である。

もちろん欧米帝国主義の植民地支配と収奪を受けた国々にとっては、植民地主義を否定するために「われわれ抑圧された民族は血統によってつながっている」という虚構を信じる意味はあった。そうでもしなければ、目の前の帝国主義を否定して独立国家を建設できなかったからである。今となっては、それは１９４０〜70年代にたまたま流行した一時的な虚構に過ぎない。

だが日本でも、なぜかまともな社会科学者と思われる人の中にも、「華人は血統でつながっているからネットワークがある」とする虚構をいまだに盲信している人がいる。年齢層は中高年が多い。おそらく本人たちにとっては、自分たちが生まれ育った時代には当たり前の考え方だったので、それが虚構だと気づかないのであろう。だが、「血統を同じくする民族」なるものは間違いなく虚構である。

現代ではＤＮＡ鑑定で、その人の「血統成分」が分析できるようになっている。たとえば国家アイデンティティが定かではない台湾ではそれが流行しているが、筆者が知る限り、「同じ血統成分」の個人は一人としていない。ある人は福建、マレー、オランダ、アラブの成分があるが、ある人は福建がほとんどだとか、バラバラである。

われわれ日本人も、人によって江南・朝鮮・ツングース・縄文の成分比率は違っているだろう。ルーツをたどれば、出自は多様である。

筆者は共同通信記者時代に、「バビヤ」というカタカナ姓があることを知った。明治初期にマレー半島からやってきた人の子孫らしいが、今は間違いなく日本人であり、そういう戸籍があるのである。また、トヨタ自動車社長を務めた張富士夫は、祖先が佐賀藩士のようで、おそらく近世以前に渡来した江南の人なのだろうが、やはり日本人である。鹿児島の沈壽官名を受け継ぐ人たちも秀吉によって朝鮮から連れてこられた陶工の子孫だろうが、日本人である。ある大学の図書室司書に「劉」姓の方がおられ、「日本語お上手ですね、留学されてから何年ですか?」と不用意に聞いてしまったところ「私は先祖代々日本人です」と言われてしまった。小笠原諸島はもともとヤマト民族はいなかったが、19世紀中ごろに最初に定住した人たちは欧米と南洋の混血だった。なので、セーボレー姓の人がいた。今では瀬堀と「日本人らしい」名前に変わっているようだが。そうしたわけで、実は「日本人」といっても出自や姓は多様なのである。「日本人としての同じ血統」など存在しない。

今の「日本人」というのは、明治時代に近代国民国家を作る際にその構成員だったというだけの話なのだ。もちろんこれは日本人に限らず、国家や国民とはそういうものなのである。イングランド人も、アングル人、サクソン人、ジュート人、さらにケルト人やフランク人などの混血が元となっている。

もっとも、虚構だからといって国家や国民の意味がないわけではない。だが、決して「血統」原理で成り立っているものではないのだ。

したがって「華人だから、華人の血統でつながっていて、独特のネットワークがあるはずだ」という前提から「華人ネットワーク論」を唱えるというのは、簡単に言えば、時代遅れな妄想である。かつてのナチスにもつながる危険な考え方だというべきである。

ましてや、今の若い華人にも、そんな血統原理が共有されていると思うのは、当人たちにとっても迷惑な話であろう。

■アジアの未開拓地

とはいえ、これは「華人」の定義とそこに幻想を持ったことがいけないのであって、広くこれを「アジア」としてとらえて、アジアに満遍なく展開するのであれば、良策となる。

必ずしもそこだけに注目すべきではないのだが、市場の潜在成長性として注目すべきことは、人口規模である。そうなると中国だと言う人は多いだろうが、中国はもはや可能性としてはあり得ない。それについては次章で述べる。

今後注目すべきは、インドネシア、ベトナム、フィリピン、ミャンマー、バングラデシュであろう。

まずインドネシアは２０１７年には人口が2億６０００万人あまり、日本の人口の２倍強である。さらに２０３５年までは生産年齢人口は増え続け、総人口が３億人を突破するという。

また、ベトナム、フィリピンも現在人口がほぼ1億人であり、インドネシアとともに人口成長率が高いことから、ベトナムは２０６０年ごろに約1億１５００万人になるまで伸び続け、2050年にはフィリピンが1億5000万人ほどと推定されている。ちなみに平均年齢も、世界銀行の調査では、インドネシア（29歳）、ベトナム（30歳）、フィリピン（25歳）の三国は若い（日本は45歳）。

教育水準も高い。成年識字率は、フィリピンが2015年に98・2％、インドネシアは2018年に95・66％、ベトナムは2018年に95％であった。

うちインドネシアとベトナムは国家言語であるインドネシア語とベトナム語でそれぞれ高等教育まで受けられる。フィリピンは国家言語はフィリピノ語であるが、高等教育は主に英語で大学進学率も高く、大学のレベルも高い。

ミャンマーとバングラデシュも人口がそれぞれ5400万人、1億6500万人であり、また伸び率は高い。英語が広く通用する。

その意味では、アジアには中国以外に人口大国が多く、さらに教育程度などを考えれば、十分に潜在力があるのである。

とはいえ、なぜか日本では意外とこれらの諸国への関心は高くない。特に人口が多いインドネシアへの関心は薄すぎるきらいがある。確かに東京からジャカルタまで直行便でも7時間あまりと距離的に遠いことは事実だが、やはりインドネシアは重要だと考える。

また欧米が今注目しているのはアフリカ諸国である。人口最大のナイジェリアは人口が2億人、これが2100年にはなんと低位推計で6億4400万、高位推計だと12億6200万人程度になると予測されているのだ。さらに現在多い順に、コンゴ民主共和国とエチオピア、エジプトが約1億人、タンザニアと南アフリカがともに5000万人台である。『ニューズウィーク』は2020年にナイジェリアに焦点を当てた特集すら組んでいるのだ。

日本も伝統的にアフリカ諸国には熱帯病や熱帯農業への支援を行い、多額の援助国として影響力を確保してきた。近年は中国に押されていると言われているが、日本政府は「アフリカ開発会議（アフリカ開発における東京国際会議、TICAD）」を1993年から2013年まで5年ごと、それ以降は3年ごとに開いている。

もともとアフリカ諸国は貧困国で援助対象と見られてきたが、近年では経済発展を遂げて、いまや投資対象と位置付けられることになった国が多い。アフリカ諸国の民衆の間には、強引な中国の進出に対する反感があるとされ、特に民主的な国では日本に好意を抱いている国も多い。

筆者もフランス語のアフリカ情報週刊誌『Jeune Afrique（ジューヌ・アフリック）』を時折買ってアフリカ諸国には注目してきたが、実際に行ったことはないため、本書で具体的に論じられるほどではない。だが、これからの若い人たちには、ぜひともアフリカ諸国に関心を持ってもらいたいと思う。

もちろんアジアの人口大国しかり、アフリカ諸国しかり、リスクは小さくない。インドネシアはイスラーム原理主義の浸透もあって、それに対抗するためにも政府側がイスラーム色を強めざるを得ないため、表現規制が厳しくなる傾向がある。ベトナムは共産党一党独裁で安定しているが、予断を許さない。フィリピンも最近は徐々に落ち着いているとはいえ、辺境のゲリラ活動、他の地域での治安にも不安がある。また、いずれの地域も交通インフラなどの整備がまだまだである。

とはいえ、ハイリターンにはハイリスクがつきものである。インドネシアとミャンマー、バングラデシュは、歴史的にも日本に好感を抱いているし、ベトナムとフィリピンも今では大の親日国である。

これらの国々の抱えているリスクが、現在および今後の中国が抱える大きなリスクと比べて大きいわけではない。

■ＣＰＴＰＰの活用

これら個別の人口大国以外で、注目すべき経済的な枠組みは、ＣＰＴＰＰではないかと思う。

正式名称では、「環太平洋パートナーシップに関する包括的及び先進的な協定(Comprehensive and Progressive Agreement for Trans-Pacific Partnership、ＣＰＴＰＰ、もしくは俗にＴＰＰ11)」と呼ばれる経済協定である。

参加11か国、人口約５億人の国内総生産合計は、世界経済の13％ほどを占める約10兆米ドルと推計される。

２０１８年12月30日に、日本、メキシコ、シンガポール、ニュージーランド、カナダ、オーストラリアの間で発効した。さらにベトナム、ブルネイ、マレーシア、ペルー、チリでものちに発効していく。

もともとこれは、環太平洋地域の国々による経済の自由化を目的とした「環太平洋パートナーシップ協定（ＴＰＰ）」として進められたものだ。シンガポール・ブルネイ・チリ・ニュージーランドの４か国の経済連携協定（ＥＰＡ）として始まり、２００５年に署名され、２００６年11月８日に発効した。

その後、アメリカ、オーストラリア、ベトナム、ペルー、次いで、マレーシア、カナダ、メキシコなどが交渉に参加、あるいは参加表明し、最後に日本が交渉に参加した。

日本の動きは、２０１０年10月１日、民主党政権時代の首相菅直人が衆議院本会議所信表明演説でＴＰＰへの参加検討を表明したことに始まった。

韓国、タイ、インドネシア、フィリピン、コロンビアも交渉参加を表明したが、経済的条件が折り合わず進まなかった。台湾は積極的に参加意欲を示しているが、日本の放射線食材輸入規制問題から日本と折り合わないことなどもあって、参加できていない。

日本では一時期米国が交渉に参加していること、著作権や農産物問題で、ニュージーランドや米国主導で日本に不利になること、それから秘密交渉であることなどに自民党系や民主党系を問わず、懸念を表明する人が多かった。

しかし、ＴＰＰとＣＰＴＰＰは、中国の参加があらかじめ想定されていない（事実上排除されている？）こと、また中国に強い警戒感を持つベトナムと台湾が最初から積極的な点を見ても、覇権主義的な中国を牽制する意味合いがあることは否定できない。そうした一種の安全保障的な意味合いもある。これはなにかと「経済」ばかり語りたがる日本では見落とされがちだが、筆者としては実は重要な部分だと考える。しかも、アジア太平洋地域でＣＰＴＰＰに参加しているニュージーランド、および加盟に意欲的な台湾は民主主義国家である。日本と価値観を共有するそれらの国との関係を強めることは、日本社会にとってもプラスのはずである。

ＧＤＰで日本を追い越した２０１０年ごろから、中国が以前からあった覇権主義傾向を強めていることは確かだ。これに対して、台湾、ベトナム、シンガポール、ニュージーランド、オーストラリアなどが警戒を強めているのは事実である。

そもそもアジア諸国から中国への牽制の役割を期待されている日本が、著作権や農産物などにデメリットがあるとして参加をためらうことは、無責任と思われる可能性もあった。そうした安保問題でもあるのに、日本で保守派にも反対者が多かったのはどうしたことだろうか？

ましてや米国が脱退して当面は参加しないため、「米国のゴリ押しによる日本へのデメリット」という反対論も論拠を失った。

もっとも、本書、特に本章の焦点はあくまでグローカルビジネスにあるので、安保上のメリットは、とりあえずここでは論じないことにする。

そこでやはりＣＰＴＰＰの建前であり、主目的でもある自由貿易の側面について考えたい。確かに自由貿易では、日本が必要な慣行などを否定されるリスクもある。それによって地方の農家が苦しい立場に追い込まれる可能性も否定はできない。

だが、同時にこれはチャンスでもある。

域内においては、日本が依然として最大の経済大国であり、また軍事的なプレゼンスを求められているのは間違いない。

その点では、ＣＰＴＰＰ発効は日本に有利になるように進めるチャンスでもある。

日本経済のアドバンテージは品質への信頼性の高さにある。特に第３章でも紹介したように、台湾やマレーシアにおいては、アニメだけでなく、日本産品は高品質のブランドでもある。アジア太平洋地域に続々と成熟した先進国が登場し、中国などが台頭した今でも、日本のこのアドバンテージは失われていない。

実際、若手の農家の中にはこれをチャンスとしてとらえる人が多いと思われる。日本の農作物には、ていねいな作り方による高品質と安全性に対して、世界的に高い評価があるからだ。筆者がアニメ聖地の取材をしていたときに遭遇した若手農家は、特に野菜に活路があると考えていた。

たしかにＣＰＴＰＰは、農業をはじめあらゆる産業において、既得権に安住してきた人たちには打撃になる可能性が高い。だが、ネットネイティブの若手世代はそこをしたたかにチャンスに転換しようとしている。その意味では、これはスマホに対する姿勢と同様に、世代間のギャップであると言える。

農業以外では、医薬品、特にジェネリックも大きな展開が見込めるであろう。

筆者の故郷の隣にある富山県には、江戸時代から薬売りの伝統があり、現在でも中小の医薬品メーカーがひしめいている。その中の大手ジェネリックメーカーの役員に取材したことがある。現時点では高齢化によって薬品需要は上がっているかもしれないが、今後は人口減少で高齢者の数も逓減《ていげん》する見通しの中でどのような活路があるか、と問うたところ、アジア諸国への輸出拡大にあると即答が返ってきた。特にベトナムは日本製ジェネリック薬品への期待、評価、需要が高いという。

ベトナムのみならず、アジアには人口大国がひしめいており、それらの国では経済発展に伴い、自国で生産できない高品質だが比較的安いジェネリック医薬品に対する需要を日本に求める傾向がある。

インバウンドとアウトバウンドを考えるにあたっては、日本にはまだまだ未開拓のコンテンツや魅力が転がっていると考える。それは古典文化や神道・神社などだが、それについては「おわりに」で取り上げたい。

第5章　クールジャパンの問題点を整理する

大英博物館内「日本マンガ展」の垂れ幕

■クールジャパンとは

日本の内閣府や経産省が打ち出している「クールジャパン戦略」というのがある。

これによると「外国人がクールととらえる日本の魅力」によって世界の成長を取り込み、日本の経済成長を実現するブランド戦略であるとされる。

Wikipediaなどによると、クールジャパンなる用語は、2002年に米国ジャーナリスト、ダグラス・マグレイがアメリカの外交雑誌『Foreign Policy』に書いた「Japan's gross national cool（日本の国民総クール量）」が発祥とされる。

これは、1990年代に英国で唱えられた「クール・ブリタニア」をもじったもので、さらにハーバード大学教授ジョセフ・ナイが提唱した「ソフトパワー」概念を応用したものである。

ソフトパワーとは、軍事力や経済力ではなく、文化や政治的価値観などに対する共感によって国際的な信頼、発言力を獲得する力とされている。

またクール・ブリタニア（またはブリタニカ）とは、1990年代のイギリス文化の盛んな様、クールな様子を表すためにメディアが使った用語である。1990年代半ばに造られ、１９９０年代末に流行した言葉だった。またトニー・ブレアの労働党政権が、そのころ隆盛していた英国のポップ文化を基盤にして「国家ブランド戦略」を打ち出して、これを国家政策とした。だが皮肉好きの英国人には、早々と揶揄《やゆ》されて飽きられ、２０００年代に入ってからは下火になったとされる。

だが、２０１８年のクイーンをモデルにした映画『ボヘミアン・ラプソディ』といい、ミュージカル『キャッツ』の実写版（これは悪評だったが）といい、そもそもミュージカルの本場としてニューヨーク・ブロードウェイと双璧のウェストエンドを抱え、さらに英語の出版文化としては米国よりも良質のものを出してきた英国の大衆文化は、今でもクールでソフトパワーを発揮していると思う。

このクールジャパンについては、経済産業省商務・サービスグループ、クールジャパン政策課が２０１８年11月に出した構想によると、「日本の魅力」をキーワードにして、

1. 日本ブーム創出

コンテンツ海外展開支援

インフルエンサー招へい
ふるさと名物の海外発信
↓
2. 現地で稼ぐ
製品開発・チームづくり
現地企業とのマッチング
テストマーケティング
↓
3. 日本で消費
クールジャパン資源による観光振興

という3段階の発展構想が示されている。
ここでコンテンツ海外展開支援として「日本ブーム創出のため、日本コンテンツの海外展開のため、ローカライズ支援」という方策が挙げられている。これはおそらく台湾に代表されるアジア近隣諸国における「日本好き」層の出現が、日本コンテンツ（特にアニメやマンガ）が現地主要言語に翻訳され、それを通じて日本アニメ好き↓日本語学習への動機↓日本文化全般好き↓日本への旅行↓日本製品全般の持続的消費につながったというルート展開を一般化したものだと思われる。

■クールジャパン機構の失敗

そして経産省は、民間企業に呼び掛けて「株式会社海外需要開拓支援機構」、一般には「クールジャパン機構（CJ機構）」と呼ばれる特殊会社を2013年11月25日に設置した。これは「日本の魅力」を事業化し、海外需要を獲得するためのリスクマネーの供給を軸とする民間企業支援を行う、というものだ。

2019年7月時点で官民が合わせて828億円を出資している（うち政府が721億円）。

ところが、CJ機構が出資した事業は、失敗だらけとなった。

複数のメディアから批判されたことで比較的有名な失敗例は、マレーシアの首都クアラルンプール最大の繁華街にある百貨店「ISETAN the Japan Store」である。CJ機構が約9億7000万円（49％）、三越伊勢丹ホールディングスの現地子会社が10億1000万円（51％）を出資して、2016年10月にオープンした。だが価格設定がやたらと高い農産物などを売ったことから、客足は遠のき赤字が拡大、2018年6月末にCJ機構が三越伊勢丹側に全株式を売却、三越伊勢丹側が単独で再建を図ることになった。

筆者は、再建後にあたる2018年7月に実際に見に行ったが、依然として高い商品ばかりが売られており、客はほとんどいなかった。

会計検査院は2018年4月にも損失の指摘を行っているが、2017年3月末時点でCJ機構には17件、約310億円の投融資で、約44億円の損失が生じていた。

しかも、CJ機構は進行中のプロジェクトの収支は公表しないという隠蔽体質だ。さらに機構の2019年3月期の収支は、売上高8億2974万3000円に対して経常損失がマイナス81億3612万円、純損失が81億3992万円という大幅な赤字となっている。しかも前期に比べて損失幅は膨らんでいる。この多くは政府出資であり、税金であることを忘れてはならない。

筆者もアニメ業界と関係しているから、関係者からいろいろな話を聞いているのだが、総じて政府のクールジャパン政策は評判がよくない。

もともとクールジャパンは政府が関与しなくても、第3章で紹介したように、民間レベルで勝手に世界に広がっていた。

確かに韓国や中国は政府がテコ入れして、コンテンツの育成や輸出を行っている。韓国のドラマや音楽（K-POP）は政府のあと押しで海外に安く供給され、広がって行った。中国もあとで述べるように事実上の共産党営や国営の企業が無料コンテンツをばらまいており、途上国に浸透している。

だが、それは韓国が30年前まで独裁体制で、今でも基本的には動員体制であり、政府の権限が強いからである。中国に至っては一党独裁体制である。しかも1990年代までは、ほとんど海外に展開できるコンテンツが存在しなかった。韓国は2000年代に海外展開で日本に売り込み、韓流ブームが起こり、その余勢をかってさらに東南アジア、そして欧米にも進出している。中国はさらに後発である。

曲がりなりにも戦前に議会政治を確立させ、戦時中ですら総選挙を実施し、戦後75年間一貫して議会制民主主義を展開してきた日本、しかも1970年代には欧米でも日本のアニメがテレビで放映され、一定の蓄積と浸透がすでに存在している我が国が、中韓と同じ政策を展開したところで効果があるわけがないのである。

■クールジャパン戦略前提の有効性？

また先に指摘したように、そもそも経産省などの言う「クールジャパン戦略」は、台湾などにおいてアニメが浸透することで、日本好き層が形成され、それが日本への観光客や日本製品愛好に進んだことから採られたモデルではないのか？

だが、そのことに世界中で通用する普遍性があるかどうかは、きちんと吟味すべき問題である。確かに台湾ではその通りに展開された。また香港、マレーシア、シンガポール、タイ、あるいはフィリピンやベトナムなども同じモデルが適用できる可能性はある。今後ありうるとしたら、ミャンマー、バングラデシュ、ネパールあたりかもしれない。だが、おそらくそこまでではないか？

これはバングラデシュとネパールは例外としても、ちょうどかつての大東亜共栄圏とほぼ一致する。北東アジアや東南アジアは、かつての大東亜共栄圏や日本の植民地統治ないし占領統治については、民族や世代によって、肯定的であったり、否定的であったりする。だが、それでも日本の文物については比較的身近で理解がある。

たとえば、日本の大学の知名度について尋ねたとする。旧植民地だった韓国と台湾は国公私立、地方も含めて様々な大学を知っている。意外と早稲田大学の評価が高かったりもする。香港、ベトナム、マレーシア、インドネシアなどは東大京大あたりなら知っているだろう。ちょっと日本に関心がある層なら早慶も知っている。だが、バングラデシュあたりだと、親日なのだが、日本の大学はほとんど知られていない。

その意味では、クールジャパン戦略で思い描いている図式は、すでに民間が勝手にやってきて蓄積があるうえ、実は旧大東亜共栄圏でしか通用しないモデルなのである。だとしたらわざわざ政府が乗り出す話ではない。

しかも東南アジアでも通じないのではないかという疑念がある。

たとえばインドネシアの例として、愛知県立大学の東弘子らの研究がある。（「インドネシアにおける日本マンガの現地化にみる『クールジャパン戦略』とのすれ違い―『ドラゴン桜』翻案版 KELAS KHUSUS NAGA の事例から―」２０１６年）。

ここではクールジャパン戦略における現地化の事例として、日本のマンガ『ドラゴン桜』のインドネシアにおける翻案の例が挙げられている。翻案とは人名その他がすべてインドネシア化されて、「日本の要素がはぎ取られている」という意味である。つまり完全に「現地化」させると、日本とは結びつかない。もちろん、日本語から借用表現も使った原文に忠実な翻訳本もたくさん出ている。だが、そうすると愛好者には一部のマンガファンしかいなくなるというジレンマがある。そして結論として、日本ラベルを売り込む手法は意味をなさないし、現実の文化受容は単純ではない、と言うのである。

ここに、おそらく台湾モデルから抽出されて拡大解釈された、クールジャパン戦略の落とし穴がある。マレーシアにおけるジャパンストアの壮大な失敗も考え合わせると、本気で戦略を立てるなら、国ごとの事情の違いを市場調査して精査する必要性があるということになる。

また、第３章の最後に触れた韓国、中国、ロシアのように文化愛好と政治外交関係がねじれた国については、アニメ好きや日本文化好きで日本も旅行するが、それが即、日本そのものが好きで、日本製品全般を受容することにつながるとは限らない場合もある。また、実は台湾についても、武漢肺炎の関係で、雲行きが若干怪しくなってきた。それは「日本は好き。だがウイルス対策に失敗して、中国にも媚びている日本には行かない」という別のベクトルと選択肢が生まれつつあるからである。これについてはあとで武漢肺炎の件とまとめて取り上げたい。

■アニメの終焉？

そもそもＣＪ機構で主力と想定していそうなアニメも内在・外在的に問題だらけだ。内在的には、原作の払底、低賃金などブラック職場のイメージ、収益モデルの限界、アーカイブ不足。

外在的には、若者の関心の多様化、アニメ聖地とされる地域の無理解、国内外の社会的・政治的圧力、中韓の台頭などが挙げられるだろう。

本書の「はじめに」でも少し触れたが、庵野秀明監督はロシア・リアノーヴォスチ通信2015年5月22日付けのインタビュー（見出しは「日本のアニメは消えていく」）で、日本アニメの将来展望について「衰退しつつある。頂点は過ぎた。消えようとしている。落ち目にある。だが完全に落ち込んだあとは、おそらく新たな興隆となるだろう」「5年後か。いずれにしても20年は持たないだろう。日本アニメの今のシステムは、早ければ5年、遅くても20年だろう」「アニメは世界のどこかで存在する必要がある。だが日本がアニメ世界の中心ではなくなるだろう。5年後には台湾が中心になっているかもしれない」、そして台湾では、手描きよりもコンピューターグラフィックスが発達していて、人材も豊富な点を挙げる。

2015年からすでに5年を過ぎているが、今のところはまだ健在だ。だが5年から20年というスパンなので、今後その可能性はある。

もっとも同年7月のイベントでは、真意が誤解されたとして、日本のアニメ業界がより柔軟になり、新しい手法を取り入れるべきだと主張した。

ただし、庵野が指摘した通り、筆者も2005年ごろから始まった今のアニメブームもそろそろ終焉を迎えるのではないかと危惧している。

その意味では、2016年におけるアニメ映画のメガヒット連発は、実は「廻光返照《かいこうへんしょう》」の一種なのかもと思える。「廻光返照」とは夕日の照り返しで一瞬明るくなることから来た言葉だが、重病を患った人が、死ぬ間際に一瞬だけ元気になること、あるいは、ろうそくの炎が燃え尽きる瞬間に一瞬明るくなることを指すものである。第2章でも挙げたように、2016年以降も話題作は続いているので、これが杞憂であることを願うが、どうなるだろうか？

■アニメの内在的問題

まず内在的問題について見てみよう。

一つには、原作の払底が考えられる。現在アニメはオリジナル作品もあるが、マンガやラノベが原作である場合が多い。引き続きマンガは量産され、質もそれなりに維持されているように見えるが、一シーズンに40本ほど制作されるアニメの量産体制に対して原作の供給が追いつくのか疑問がある。

また、実際には違う職場もあるようだが、アニメ制作と言えば、「低賃金長時間労働で福利厚生が整備されていないブラック職場」というイメージが定着している。かなりの職場がそうなっている現実があるようだ。そのため、スキルがある人材は、よりペイが良いゲーム業界に移っている。そうすると人材が払底する可能性もある。

実際、ネットメディア「BuzzFeed」が2017年4月13日に掲載した「ジブリの美しい背景美術がいま、消えようとしている」では、次のような現場の声が紹介されている。

「現場はギリギリです。作品数は増えているものの、作り手は増えていない。特に背景美術は顕著です。大作の劇場アニメーション映画でも、背景美術が足りず、スケジュールが大幅に遅れたと聞きました」

最近ではゲーム業界からも、背景美術の腕が要求される。スマホ上で課金を促すソーシャルゲームの勢いは増すばかりだ。実際、背景美術会社を買収している事例もあるという。

「アニメーション業界が支払えるお金と、ソーシャルゲーム業界のそれは違います。一緒に映画を作っている美術スタッフは世界一の仕事をしていると自負していますが、スマホゲーム用の、ディスプレイサイズの背景を描いている若手のほうが高給取りだったりすることもある。そういう時代です」

これはフランスのＡＦＰも「低賃金、長時間労働、人材不足…人気急上昇の裏で危機に陥る日本のアニメ業界」（２０１９年６月18日）と指摘した。

現在のアニメ業界の収益モデルの限界もある。それはいくつかのアニメスタジオは改善したとはいえ、基本的には円盤（ＤＶＤなど）の売上で制作コストを回収するという手法である。ところがこの1～2年でネット視聴が一般的になったこともあって、円盤売り上げは激減している。しかも国際展開についてもコストが見合わないという理由で消極的だ。

諫山裕《いさやまゆたか》は「アニメ市場は絶好調でも儲からないアニメ制作業界」（２０１９年６月7日）で「ハリウッド映画だと、制作費が数百億円なんてざらだが、日本のアニメ映画制作費は平均的には1億～3億円と言われ、10億円以上かけるジブリなどは例外的」「制作費が安いから、ちょっとヒットすれば利益は大きくなる。その利益の大部分を取るのは、制作現場ではなく配給会社や版権を持つ会社だ。ヒエラルキーの上のほうは潤うが、下のほうの制作現場はカラカラの砂漠状態。100円で作ったものを、1万円で売るような話」という収益構造を指摘する。

低賃金は儲からないからではなくて、まさにこの配給会社や版権会社がほぼ総取りして、現場に還元されない構造こそが問題なのだ。

それからアーカイブの欠落。アニメの作品資料、原画、かつてのセル画、マンガの原画の多くは、作家や製作者個人が保管している場合以外は、ほとんどは処分されたりして残っていないケースが多い。2019年7月に発生したアニメ業界の最大の惨事である京都アニメーション（京アニ）第1スタジオ放火事件でも改めて明らかになったことだが、同事件では人材の大量損失が最大の不幸であるのは当然として、同時に京アニが所有していた作品資料などが消失したことはアニメの歴史にとって大きな損失である。

マンガの原画を保管しようという試みは、第2章で紹介した秋田県横手市「増田まんが美術館」のアーカイブの試みがある。だが、本来こうしたことは国家事業で体系的に行うべきものである。内閣府と経産省はクールジャパン機構でムダ金を使っている暇があったら、本当はアーカイブの保管に予算を使うべきであろう。アーカイブと言えば、テレビＣＭなどもフランスほかの国ではアーカイブがあるようだが、日本にはない。

ここで挙げた内在的問題は、それぞれが互いに因果関係を構成しており、悪循環となっている。その意味では、日本アニメの将来は暗いと言わざるを得ない。

■外在的問題

次に外在的要因である。

まずは若者のコンテンツへの関心の多様化を挙げたい。

筆者が大学で学生と接しての感触という、あくまでも主観的なものでしかないのだが、どうやら大学生世代におけるアニメの関心は、２０１６年前後がピークだったと思われる。ちょうど『君の名は。』など３本のメガヒットが相次いだ時期であった。だがそのあとは、若者のコンテンツへの嗜好が多様化したと考えられる。大きな要因はYouTuberの登場である。もっとも２０１８年ごろまでは、大学生ではなく、小中学生が中心だったと思われるが、２０１９年後半ごろからは大学生の間でもポピュラーになっている。

だからといって中学生以下がアニメを見なくなったというわけではない。だが、２００５～06年ごろから10～20代の若者が好むコンテンツの代表格だったアニメは、唯一絶対のものではなくなったということである。また２０１６年の『君の名は。』のメガヒットによって、アニメは単にオタクだけのものではなく、若者にとっては普通のものになったので、コアなオタクが逆に減り、単に楽しむライト層が増えている印象がある。

YouTuberも再生回数目当てに過激化し、脱法行為が増えたことで若干陰りが見えている感じもする。あと5年もすれば、まったく異なるコンテンツ文化が登場しているだろう。だが、いずれにしても２００５～16年に見られたように、アニメが「若者のコンテンツ文化として唯一絶対なもの」ではなくなっているのは事実だ。

次に、アニメ聖地というものに対する地元の無理解である。アニメ聖地になっているところで地元の対応が二極化している。それは地元の人たちがアニメ作品そのものを視聴し、愛着を持ち、したがってファンにも理解を示すか、あるいは反対に、アニメ作品そのものも視聴せず、ファンを単なる金づると考えるか、という違いである。

もちろん前者のほうが聖地として成功しているし、後者は聖地としては盛り上がらず、失敗する。筆者がこれまで調査した作品と聖地については、後者の例は見当たらなかった。盛り上がっていない場合は、放映された時期が古すぎて、時代とともに風化したところばかりである。ＮＨＫなどで失敗とされた『ラグりん』の鴨川市も、そういう意味では決して失敗ではなかった。

また、アニメへの愛がないのは、実は意外なことに秋葉原だという指摘が、２０１８年9月ごろからなされるようになった。

つまり、秋葉原の伝統的な商工会は、実はアニメとそれによって集まるファンには否定的で、メイドカフェやアニメショップなどにある「萌え」要素を彼らにとって受け入れやすい形に変えている、というのである。

言われてみると、２０１８年夏ごろから、秋葉原に行っても以前ほどのときめき感がなくなったように思える。

そうして多くのアニメ業界関係者からは、「もともと秋葉原は、戦後の闇市でできた、カオスと混沌の世界だったはず。なぜ新たな流れである萌えやオタク文化に否定的なのか」という批判の声も聞かれる。もっとも、いくら闇市が起源とはいえ、七十数年もたてば立派な既成勢力であろう。既得権や昔の価値観にとらわれた人は、概して新しい動きを排斥したがるものである。

■児童ポルノ拡大解釈

国内外の社会的・政治的圧力。これにはいくつかの要素がある。

一つ目は、児童ポルノ表現規制などの圧力である。

二つ目は、それと関連することだが、フェミニストによる「萌え絵」への無理解と排斥の動きである。

三つ目は、海賊版に対する規制の動きである。


一つ目の「児童ポルノ表現規制」をめぐる問題である。

デジタル大辞泉によれば、児童ポルノとは「児童が関わる性的な行為等を視覚的に描写した画像。児童の定義は国によって異なる。日本の児童福祉法・児童買春処罰法などでは18歳未満の者を児童と規定している。児童ポルノを頒布・販売または公然と陳列したり、そうした目的で児童ポルノを製造・所持・輸出入した者は、児童買春処罰法による処罰の対象となる」とする。

もちろん実在の児童の裸体を公然と陳列することは、犯罪行為であることは論をまたない。問題は「児童ポルノ」の解釈が拡大されがちである点である。

日本は幸い拡大解釈されていないが、海外では日本の「萌え絵」のかなりの部分が「児童ポルノ」に該当するとして処罰対象になりかねない。

さらに、２０１９年には国連子どもの権利委員会によって「児童売買、児童買春および児童ポルノに関する子どもの権利条約の選択議定書」の実施ガイドライン案が策定された。そこでは「実在しない児童の写実的な表現を含む」として、日本の「萌え絵」も規制される可能性が出てきた。この動きは２０１５年ごろから出てきたものであるが、案として策定されたことで、日本の外務省は同年4月に「表現の自由に対する制約は最小限でなければならない」などの見直しを要請。「ポルノ」から「音声表現」「印刷やオンラインでの文章表現」「実在しない児童の写実的な表現を含む」の削除、そして「実在児童を表現する場合に限り」の追記を提案した。

児童の権利条約は、1989年の国連総会で採択され、1990年に発効、日本は1994年に批准している。また、選択議定書は、児童買春・売買のほか、児童ポルノに係る一定の行為の犯罪化などについて定め、2002年に発効、日本は2005年に批准している。

ガイドラインに対しては、日本マンガ学会、エンターテイメント表現の自由の会のほか、米国でもコミック弁護基金などが、表現の自由を脅かす懸念を示す意見を提出した。

ちなみに、米国では「非実在児童」は合法とされ、北欧諸国や、表現規制が厳しいサウジアラビアですらも日本の「萌え絵」を「ポルノでない」としているようである。

■フェミニストによる無理解と攻撃

アニメに多い「萌え絵」については、日本国内からもフェミニストを称する人たちからの無理解による攻撃にさらされている。

その具体例が、碧志摩《あおしま》メグおよび『ストライクウィッチーズ』をめぐる騒動である。

碧志摩メグとは、三重県志摩市をPRするために海女をモデルにした萌えキャラで、当初は志摩市の公認キャラとして、2014年12月9日に名前が確定した。ところが一部の市民が、「キャラクターの描写はエロティックで、女性蔑視に当たる」などとして志摩市に公認の撤回などを求める署名を提出した。一方ではキャラを支持する意見も寄せられた。

しかし志摩市は企画側からの申し出もあって、公開からほぼ1年後の2015年11月5日にキャラクターの公認を撤回した。企画側は「非公認キャラ」として企画を継続していくと発表した。そして2017年7月には、三重県出身声優の小松未可子を声に起用、2020年2月現在でもVTuberとして動画をアップしている。

しかも反対したのはごく一部に過ぎず、当時中日新聞に掲載されたアンケートではデザインについて69・2％が問題ない、志摩市が「公認」したことについて70・1％が問題ないと回答しているというのだ。

また、2019年2月には、テレビアニメ『ストライクウィッチーズ（ストウィチ）』がやり玉に挙げられた。自衛隊の滋賀地方協力本部が作成した自衛官募集ポスターに同作品のキャラを使用したところ、「女性キャラのスカートから下着様の着衣が見えるのはセクハラだ」などと大阪大教授の牟田《むた》和恵らが批判の声を上げた。だが、批判している人たちが、ストウィチを視聴したことがあるとは思えない。作品をじっくり観察したうえで批判するならまだしも（それでも主観に過ぎないとは思うが）、どんな作品かも知らないのでは、印象論に基づく一方的な罵倒である。

さすがにネットでは、アニメファンを中心とした若者から、「またアニメ作品を攻撃の手段にしてるよ左翼団体。一切同調しなくてよい」などと批判を嘲笑する意見が目立った。

アニメに親しんでいる筆者から見れば、この手の批判は、単に古い価値観にとらわれた中高年者による若者文化への無理解・蔑視と言うべきである。アニメ絵は「かわいい」系の絵柄であるから、未成年者に見えるし、ときにはパンチラや下着が透けて見えるが、それはアニメの作風である。それをセクハラなどと攻撃するのは、逆に言えば古風で保守的な道徳観による言いがかりにしか見えない。単にアニメ文化への無理解をさらけ出しているだけである。

さらに時期的にはこの事件の前なので、ストウィチへの直接的批判ではないが、面白い指摘を見つけた。

狐志庵《こしあん》による「『萌え絵』と呼ばれるスタイルがジャポニズムを超える日」（２０１８年10月９日）である。出だしは「なにやら近年、『萌え絵』をポルノだと認識してるおかしな弁護士だの社会学者だの大学教授だのが跳梁跋扈《ちょうりょうばっこ》している。司法試験に受かったり学者になるだけの知力がありながら、たかだかこの40～50年程度のオタク文化について調べもしないという態度は褒められたものではない」で始まる評論であるが、面白い指摘は次の部分だ。

そもそもオタクというのはある種のクィアであった。クィアというのはセクシャルマイノリティに代表される、標準的な異性愛規範から外れた人たちのことである。「少年漫画を読む女と少女漫画を読む男」たち、それがオタクであった。彼らは中高生や大学生、あるいは社会人となっても、子供向けの漫画を読み、アニメを見続けていた。それも男性は女児向けの、女性は男児向けの作品に夢中になっていた。当時としてはそうとう異常な趣味だった。

つまり「萌え絵」はＬＧＢＴＩＱのＱにあたる人たちのものだということだ。これは碧志摩メグ、ストウィチを「女性蔑視」だの「セクハラ」だのと決めつけた人に対して、クィアへの偏見と蔑視と反論できるという指摘である。

実はフェミニズムとＬＧＢＴＩＱはしばしばこうして衝突するところが多いのだが、「萌え絵」という、もともとはオタクというクィアの一種から始まった表現方法に対して女性蔑視だとすると、クィアの権利を抑圧することになるという矛盾である。フェミニストはそうやってなんでも単純な男女権力関係に結びつける癖があるが、世の中はそんなに単純ではない。女性蔑視だとする言説そのものが別の差別や抑圧につながる場合だってあるのだ。

■海賊版規制の問題

また、海賊版規制の問題がある。

たとえば、海賊版マンガビューアサイト「漫画村」の摘発問題である。２０１６年１月に開設され、違法コピーされた漫画、雑誌、小説、写真集の海賊版を掲載していたが、２０１８年２月以降、衆院予算委員会や日本漫画家協会などが海賊版の取り締まりに言及したことで、日本国政府は同年４月、漫画村を含む悪質性の高いサイトに対してブロッキングを行うよう、インターネット接続業者に要請し、閉鎖された。

確かに海賊版は、著作権法に明確に違反する違法行為である。そのことに異論はない。だが、アニメ・マンガ業界や作家の一部からは疑念が提起された。

それは「国内の海賊版サイトを閉鎖したところで、中国やベトナムなどの違法サイトに向かうだけだ。海外も含めた有効な摘発手段を講じないで、手っ取り早く対処できる国内だけを摘発するようでは、むしろ海外の違法サイトを肥やすことになるだけだ。国際競争力の観点でもおかしい」とするものである。

今のネットグローバル化時代の違法行為摘発は容易ではない。国内だけを取り締まっても海外が放置されれば意味がない。そうした理屈が既成の業界団体や政府官僚には全く理解されていないようだ。

インターネットの海賊版対策について、文化庁がダウンロードを違法とする著作権法改正に動いている。

ダウンロード規制は海賊版と知りながら保存・閲覧する行為の法規制を強化して、利用を抑止することを目的としている。現行では音楽と映像のみに適用されているが、2020年1月現在の文化庁の検討会では、漫画やゲーム、雑誌、写真集、学術論文などすべての著作物に対象を広げる方針で、二次創作品（パロディー）については除外する、としている。

文化庁の当初案では、スマートフォンの「スクリーンショット」（画面保存）への写り込みを含む全てのダウンロード行為を対象としていたが、「インターネット利用を萎縮させる」との批判が相次ぎ、削除した。

だが超党派の「マンガ・アニメ・ゲームに関する議員連盟」（MANGA議連）など議員の間には、規制を広げるのはマンガ文化の萎縮につながるとして慎重な意見も強い。

■韓国コンテンツの攻勢

中国と韓国のソフトパワーの成長もアニメ・マンガに対する脅威かもしれない。いや現実に途上国においては、日本のアニメ・マンガが中韓コンテンツにその座をほぼ奪われているという指摘もある。

韓国は、１９９７年のアジア通貨危機の際にＩＭＦ危機に陥った。経済再建の戦略として文化産業振興を掲げて、１９９９年「文化産業振興基本法」が制定され、２００１年にコンテンツ産業を専門的に支援するための政府機関「韓国文化コンテンツ振興院」が設立された。これによって韓国の大衆文化の輸出が始まり、台湾で「韓流」と呼ばれ、韓国にも逆輸入された。爆発的なブームを起こしたのは日本で、２００３年にＮＨＫＢＳ２で放映された『冬のソナタ（冬ソナ）』が人気を博した。主演俳優ペ・ヨンジュンの愛称から「ヨン様ブーム」とも言われた。さらに２００５年には時代劇ドラマ『宮廷女官チャングムの誓い』も人気を博した。音楽市場でも、２０００年代前半にはＢｏＡ、後半からは東方神起、さらに少女時代、ＫＡＲＡなどが日本でも成功。その後、徐々にブームは沈静化し、さらに２０１２年大統領・李明博《イミョンパク》による竹島への上陸強行と天皇謝罪要求によって日韓関係が悪化した。ただし若者層にはいまだにＫ－ＰＯＰは人気が高い。

韓流が爆発するきっかけを作ったのは日本であったが、その後沈静化したことで、韓国は東南アジアや欧米への展開にシフトした。タイ、フィリピンのほか、文化的に似ているベトナムではドラマと音楽が大量に流入して人気を得ている。

欧州ではフランスを中心に流入。ジャパンエキスポでも、２００４年ごろから韓流コンテンツが登場し、２０１１年ごろから目立つようになった。米国やカナダは韓国移民も多く、そこから伝播している部分もあるようだ。

おそらく、日本政府のクールジャパン戦略は、これを横目で見て危機感を持って起こしたものだろう。だが、国家の役割、発展段階と経路が異なる以上、韓国で成功しても日本が成功するわけではないのである。

また韓国で登場し、世界を席巻しているコンテンツとして、ウェブトゥーンが挙げられる。これは、デジタルコミックの一種であり、スマホでの閲覧に適した縦長のストリップで展開される形式のため、スマホ世代に拡散した。

世界のアニメ・マンガに詳しい知人によれば、今や若い世代においては、日本の紙マンガとウェブトゥーンでは、1対100くらいの市場の違いがあるという。

■中国の攻勢

さらに中国も強敵である。中国ではファーウェイ（華為）をはじめとするスマホ会社、テンセント（騰訊）のようなコンテンツ企業は、いずれも共産党と関係が深い。そのため、特権により国家資源も使えるため、ハードもコンテンツも安価に制作できる。

日本でも中国アニメが放送されたりしているが、筆者に言わせるとクオリティを徐々に上げているものの、まだまだである。だが、それでも相対的には高価なため日本のアニメにアクセスできない途上国や新興国、特に日本のアニメがあまり浸透していなかったアフリカ諸国を中心に、無料提供も多い中国産のアニメ・マンガ・ゲームが浸透しているとのことだ。

スマホのアプリで、特に動画アップ系やゲームについては日本にも中国産のものが浸透している。

その代表例は「TikTok（ティックトック）」である。

TikTokは2018年現在で、150か国以上に展開し、75の言語にローカライズされ、世界で5億人アクティブユーザーを抱えているという。日本でも、Appleのベストアプリランキングによると、無料アプリの2018年年間人気ナンバーワンになったとされている。

また2018年10～12月期の日本テレビ系水曜ドラマで、新垣結衣らが出演した『獣になれない私たち』のスポンサーになったり、同年末の紅白歌合戦で「いきものがかり」が歌った際の演出に使われたりもした。若者のサブカルチャーだけでなく、主流メディアにも登場しているのだ。

新垣結衣主演のドラマについては、香港の中国寄りメディア『明報財經網』において賈文清という評論家が次のような趣旨の評論を書いている。「かつてはアジアのソフトパワーでも一番だった日本にも中国のソフトパワーが浸透しつつあり、ついには国民的俳優新垣結衣が主演するドラマにもTikTokがスポンサーとして入るまでになった。日本がいかに中国に敵意を向けようとも中国の日本への影響力は強まるばかりだ」(「【経済学神】日本漸受中國滲入」2018年12月13日)。まるで人気ドラマ『逃げ恥』で大ブレークした日本の国民的女優まで中国が征服した、と言わんばかりの口吻である。

台湾でも小中学生に中国音楽が浸透

この中国の浸透は、戦後中国語を公用語として強制され、言語面で中国と共通することになった台湾でも近年著しい。

台湾ではこれまで日本のドラマ・音楽・アニメがとても人気があるとされてきた。だが台湾の若者文化に詳しい筋によると、それは実は25歳以上の傾向であって、台湾でも20歳前後は韓国ポップスが圧倒的な人気で、さらに中学生以下では中国ものに人気があり、日本のものはそれほど受け入れられていないという。

これらはいずれもスマホの普及と密接に関係している。日本においても、若者はスマホにどっぷりはまっており、着実に中国発のゲームや動画配信などのアプリが浸透しつつある。

今の若者は、音楽を聴くのにわざわざCDを買ったりしない。スマホなどで利用できる音楽配信サービスを利用している。

単一国家で人口最大の中国においても、ネット企業として知られるテンセント傘下にある「QQ音楽」が最大で、中国語を武器に、香港、台湾、マレーシア華人などに浸透している。

台湾において、スマホやパソコン向けの音楽配信サービスとして最大のものは、KKBOX（ケイケイボックス）である。会員数は20万人ほど。2004年からサービスを開始し、2010年12月に日本のKDDI社の傘下になった。つまりKKBOXは今は日系企業であり、中国とは関係がない。

ところが、歌のヒットチャートを見ると、中国の影響力が強まっているのだ。1回通しで聞いて「1回」とカウントすると、再生回数の大半が華語（中国語、北京語）の歌である。しかも2017年ごろから、ヒットチャートの上位には、中国（大陸）出身者、もしくは中国でデビューないし人気が出た香港・台湾・マレーシア・シンガポールの歌手が占めるようになった。

その傾向が最も顕著だったのは2018年11月ごろだ。同年11月16日から11月22日には上位10曲11人のうち、艾熱、李佳隆、王以太、李栄浩、G.E.M.鄧紫棋、闇奕格、于文文（Kelly）と中国出身者がなんと7人も並んでいる。さらに30位以内に広げると、中国人ないしは中国色濃厚な歌手の曲が半分以上を占めているのだ。

２０１８年11月24日に台湾であった地方選挙で、対中警戒が強い与党民主進歩党が大敗を喫したが、中国の歌が席巻していた同年11月前後の台湾社会の雰囲気が関係したのかもしれない。

小学生ともなると、中国の３人組男性アイドルグループ「ＴＦＢＯＹＳ（ティー・エフ・ボーイズ、The Fighting Boys、加油男孩)」が大人気で、10代では日本のタレント以上に知られている。

２０１６年前後から、台湾で最大人気の周杰倫（ジェイ・チョウ）をはじめ、多くの台湾の歌手が拠点を中国に移し始めた。台湾の芸能番組の制作スタッフも次々と同じように中国に移っていった。それは中国が高額の報酬を提示したからである。あるプロデューサーは日本円にして1億円以上の報酬を提示されたらしい。

今では、芸能や放送関係における台湾と中国の立場は、賃金や質も逆転して、中国のほうが上回り、台湾が逆に中国の下請けをさせられるまでになっているという。

もちろん中国のゲームや音楽にも日本アニメの影響はある。ゲームデザインには、かつて日本でも『東周英雄伝』で一世を風靡《ふうび》した台湾のマンガ家鄭問《チェンウェン》をはじめ、台湾や日本から多くのデザイナーがスカウトされ、日本のアニメ風など洗練されたデザインのものが多い。先に挙げたTFBOYSも、日本のアニメ音楽ユニットfripSideないしそのボーカル南條愛乃《なんじょうよしの》の歌からの剽窃も指摘されている。

今のところ、中国の音楽やゲームに親しんだからといって、中国が好きになっているわけではないように見えるものの、経済大国となった中国による文化的攻勢は無視できないものになっているのだ。

■日本における中国アニメスタジオの浸透

そして中国のアニメスタジオは、日本にも進出するようになった。

中国国内では、メッセンジャーアプリ「WeChat」で有名なテンセントは時価総額で世界トップ10に入る巨大企業となっているが、最大収益源はゲームとされ、それをテコに中国におけるマンガやアニメの原作を囲い込んで、一大コンテンツ帝国を築いているという。また、ニコニコ動画を模倣したと思われる動画共有サイトおよびコンテンツ企業「bilibili（ビリビリ）」は２００９年に設立され、一大サイトに成長した。さらに２０１６年1月にはアニメ制作会社の「絵梦アニメーション（えもんアニメーション、梦は中国簡体字のまま）」にも出資している。絵梦はその後日本でも放映されたアニメの元請けも行っている。

またジェノスタジオは、２０１５年に設立された日本のアニメ制作会社だが、上海絵梦も株主となっている。

さらに中国原作の『群青のマグメル』は、日本でもマンガが『少年ジャンプ＋』に連載されており、アニメも２０１９年春放映された。先に中国アニメはまだまだと書いたが、同作以降は、中国原作ないしは制作のアニメがめきめき質を上げつつある。

■中国におけるアニメ配信禁止

韓国は親日言論についてては言論の自由がなさそうではあるが、政府批判その他国内政治の分野では言論の自由が保障されている。そのため韓国コンテンツが席巻することについては、もちろん喜ばしいことではないにせよ深刻な問題とは言えまい。だが、問題は中国である。中国は一党独裁体制であり、言論や表現の自由は無きに等しい。そうした国で作られ、共産党の息のかかったコンテンツや産業が日本やその他の自由な国々に浸透することは、かなり大きなリスクと言うべきである。

たとえば、２０１９年8月12日の報道では、7月28日、中国において日本文化に共感を示す「精日分子」の若者9人が拘束されたという。

また、22歳の女性漫画家張寧は日本のアニメの大ファンで、豚の顔の中国人を描くようになった。それがネット上で拡散されていき、一部の読者が「中国国民を侮辱している」と指摘したため、警察が「中国の歴史や国内外の情勢を故意にわい曲している」との容疑で逮捕した。

一党独裁国家とはいえ、「中国の歴史や国内外の情勢を故意にわい曲している」という容疑で逮捕されるとは、理由がすごすぎて恐れ入る。中国という国の本質がよくわかる事件である。

そうした中国における表現弾圧は言うまでもなく、ラノベやアニメやマンガにも及ぶ。

また２０１５年以降にはアニメが中国国内で配信禁止となる例が相次いでいる。

同年6月8日、中国文化部（省）が日本のアニメ38作品のインターネットでの配信を、「未成年者を犯罪に誘い、暴力や欲情、テロ活動を誇張する内容が含まれる」との理由で禁止にした。

その38作品の中では、『残響のテロル』『学園黙示録 HIGHSCHOOL OF THE DEAD』『寄生獣』『Another（アナザー）』『東京喰種（トーキョーグール）2』『進撃の巨人』『DEATH NOTE』『PSYCHO-PASS』『黒執事3』『暗殺教室』のように残虐だからと思われるものや、『ソードアート・オンライン2』『ハイスクールD×D』『だから僕は、Hができない。』『ダンスインザヴァンパイアバンド』などのように、エロだからと思われるものがある。

だがどれも、それほど残酷ともエロとも思われない。まして『進撃の巨人』『寄生獣』『DEATH NOTE』『SAO』などのような超人気作が禁止されたことで、中国のアニメファンからは不満の声が上がったという。

もっとも、『進撃の巨人』については、台湾の対中抗議学生運動で、侵略してくる巨人を中国に見立てた風刺画に使われたことが影響しているのかもしれないが。

その後も対象は増える一方であり、中国の不自由さが浮き彫りになっている。

■中国の日本への干渉

中国が自国内でどんな統制や規制をしようと内政問題だとは言える。特に目くじらを立てようとは思わない。だが問題は、中国がアニメスタジオを日本でも設立したりすることで、日本国内でも中国の言論基準に基づく干渉をしてくることである。

その好例は、2018年に起こった、筆者が「まいん事件」と呼ぶ騒動である。

それはラノベ作家「まいん」による『二度目の人生を異世界で』が、いったん2018年5月にアニメ放送「決定」が発表され制作も始まったが、中国からの横やりによってアニメ版の制作が中止になった事件である。

しかも中国側は論点を次々と変えていた。

2018年5月22日にアニメ化（同年10月から）が発表されたあと、中国共産党系の煽情的新聞『環球時報』が、主人公は「中国を侵略した日本軍兵士」だと言いがかりをつけた。実際にはそうではなかったのだが、これによって中国との国際問題に発展した。そして6月5日には、作者が作家になる前の２０１３年にTwitter で、中国・韓国へのヘイトスピーチとされる投稿をアップしていたと指摘された。これに対して作者は同日、Twitter 上でヘイトスピーチとされる投稿について謝罪、小説版計18巻も一時出荷停止となった。テレビアニメ主要キャスト４人の声優たちも降板を表明し、アニメ製作も中止となったと発表された。

ネット情報などを総合すると、声優の降板は中国筋の圧力と見られる。また作家デビュー以前の発言まで、しかも勝手に「ヘイト」認定してつるし上げる手法は、中国的な人民裁判と言え、作者に対する同情が集まった。「まいん事件」によるアニメ制作中止は、独裁国家からの干渉に対して、自由を標榜する日本のアニメ業界が屈服するという悪しき前例を作ったと考える。

もっとも、続いて同年7月下旬に起こったマンガ家「どげざ」による『本日わたしは炎上しました』をめぐる炎上事件については、同情の声は少ない。

というのも、「どげざ」は中国や韓国のみならず、日本人の生活保護受給者、同性愛者にまで攻撃的発言を行っていたことが確認されていた。しかも問題発覚後も「まいん」のようにすぐに収拾を図らずに、むしろ挑発する発言を繰り返したことで、出版社から打ち切りが告げられ、最終的に謝罪した。

『本日わたしは炎上しました』を現実に実践して、さらに作者がペンネームの通り「どげざ」する羽目になったのは皮肉なことであった。またこれは中国によるつるし上げとは呼べない。

■中国のシャープパワー

とはいえ、一連の中国罵倒をめぐる騒動で見られたのは、日本的な忖度が自由の自殺行為につながった点である。

中国批判が問題視されると日本人の中からは決まって「中国市場の大きさを無視して中国を挑発したのはダメだ」との批判が起こる。だが、それをいうなら米国政府を批判したところで、米国から圧力を受けることはないのだから、自国への批判を受け入れない狭量な中国に問題があると言うべきなのだ。

ともあれ、こうした動きが頻発するようなら、宗教的な束縛がない自由な表現が持ち味であった日本のアニメ文化の自殺行為につながる。

筆者はこうした騒動で「中国を挑発してはならない」などという言説が登場したことこそが、日本のアニメ文化の衰退を示す何よりの予兆だと考える。

ちなみに中国のリスクについて一言で表すものとして、米国で提案されている「シャープパワー」という概念がある。シャープパワーとは、「権威主義国家が世論操作や工作活動などの強引な手段を用いて他国に圧力をかけ、自国に有利な状態を作り出していく外交戦略のこと」であり、「中国やロシアの外交戦略はシャープ（鋭利）な刃物で突き刺すように民主主義国家の社会や制度を分断・弱体化させるものであるとして、米国のシンクタンク・全米民主主義基金（ＮＥＤ）が「シャープパワー」と命名した。これが２０１７年11月に論文として発表され、国際社会で広く知られるようになった」（コトバンク「シャープパワー」）という。

あとで詳述するが、米国は、中国が自由世界に害悪をもたらす敵であるという認識によって、中国を最終的には打倒する意図を持って、米中対立に臨んでいる。だが日本ではその認識は薄いようで、いまだに「経済大国となった中国は重要である」と考えている人が多い。だが中国の体制と存在が、自由世界の日本と相いれないことは、上記の事例などからも明らかである。日本もそろそろ中国の本質的な危険性に対して目覚めるべきであろう。

■武漢肺炎という最大のリスク

さて、そうこうしているうちに、本稿の執筆中に、日本政府のインバウンド戦略の根幹を揺るがすような大きなリスクが中国から飛び込んできた。中国湖北省の武漢を発生源とするウイルスをめぐる騒動である。日本では「新型肺炎」「新型コロナウイルス」と呼ばれ、国際的専門用語では、COVID－19と呼ばれる。筆者は台湾の専門家だが、台湾での一般的呼称は「武漢肺炎」である。またこのウイルスに関する情報が最も詳細に流れている台湾をリスペクトして、以降「武漢肺炎」と呼称することにする。

武漢肺炎の最初の病例は、２０１９年12月1日に発生したと言われる。病院において最初に新型肺炎だと確認されたのが12月８日、そして12月下旬からは武漢市の「華南海鮮卸売市場」関係者から大量の病例が発覚する。12月26日から12月30日にかけて医者から症例の報告が相次ぎ、12月31日武漢市疾病センターが新たな病気だと認定した。

２０２０年1月7日には新型ウイルスが検出された。同日、習近平が会議で初めて武漢肺炎に言及した。それから急速に海外に拡散する。1月12日に最初の死者が出た。1月13日にタイ、1月16日に日本で武漢から帰国した男性から武漢肺炎が検出された。1月20日には武漢以外の中国の大都市でも大量の感染者が発見された。

1月23日、武漢市は外部を結ぶ交通手段を閉鎖するなど都市封鎖を実施。その後多くの都市が封鎖された。

筆者は香港発の情報で、２０１９年12月20日ごろには武漢付近で原因不明の肺炎が流行しているとの情報をつかんでいた。だが、まさかこれほど短期間に広がるとは思っていなかった。

もっとも脱稿した２０２０年2月25日の時点では、現在進行形の問題であり、武漢肺炎ウイルスそのものの正体がほとんど明らかになっていない状況である。

だが、筆者が不思議ではならないのは、武漢肺炎に関する情報が、国内感染ルートはもちろん、世界各国、特にアジアの周辺諸国での対応が、ほとんど日本に流れていない点である。そのため日本ではかなり楽観的な人が多いように見られる。だが、この問題については、世界主要国は最悪の状況を想定してきわめて敏感な対応を行っている。

これまで中国に煮え湯を飲まされてきた台湾、ベトナム、シンガポールなどは発生源の中国との直行便の制限を早々と行うなど厳しい対応を行った。フィリピン、インドネシアなども中国に厳しく臨んでいる。マレーシアは国内の感染拡大防止に力を注いでいる。

それに比べたら、日本政府や自治体、マスコミなどの対応はきわめて呑気に見える。

北朝鮮がいち早く1月21日にすべての外国人観光客の入国を禁止した。独裁国家だから参考にならないとはいえ、日本も本来はこの時点で、中国からの（中国人ではない）入国を禁止する措置をすべきだった。

■インバウンドのために健康は犠牲？

ところが日本政府は奇妙な行動に出る。それは1月25日の中国の春節（旧正月）を前にした24日、安倍晋三が駐北京日本大使館のホームページに「春節休みでの中国人の来訪を歓迎する」とのメッセージを寄せたのである。その後もしばらくは、武漢などを例外として、中国との直行便や中国からの来訪を制限することはしなかった。

これはどうやら、２０２０年五輪に向けてインバウンド４０００万人という目標を掲げたことに関係しているらしい。前述したように、４０００万人の半分くらいは中国からの来訪に期待していた。ここで中国からの来訪を制限したら、２０２０年の年間４０００万人の目標は達成できなくなってしまう。日本政府、インバウンドや五輪関係者はこう考えたのだろう。

だが、これは国民の健康を犠牲にしてでも、インバウンドや経済指標にこだわる本末転倒な在り方である。

早々と中国との往来に制限措置を取った台湾、ベトナム、シンガポールなどはその後感染者が大幅に増えることはなかった。インドネシアやフィリピンは検疫ができていないと思われ、数字が少なすぎる嫌いがあるが、それでも往来中止などの断固とした措置を取っていることは確かだ。

それは目先の経済よりも、国民の健康と安全を重視した結果である。ところが、日本国内ではどうやら経済のほうが重要らしい。「中国との往来を断ち切ったら、経済が悪化してしまう」と経済しか頭にない発言をよく耳にする。これではまるで大東亜戦争中に「国体のために国民は命を犠牲に」といっていた人命軽視の再現である。

そうこうしているうちに、日本において特に2月13日以降、感染が拡大する。同日、国内で日本人初の死者が出たのをはじめ、その後は大都市圏以外にも感染が広がっている。

世界では日本人の入国拒否の動きが広がっている。ミクロネシアなど太平洋諸国を皮切りに、イスラエルなども入国拒否にした。

それにもかかわらず、日本政府は中国との往来を全面禁止にもせず、しかも感染経路の調査につながる具体的な情報の公開を拒んでいる。

このままいけば、日本は感染拡大を止められず、感染国と認定される時期が早晩来よう。そうなれば、インバウンドや五輪どころではなかろう。

本気で五輪を開催したければ、早期に中国との往来を禁止にして、感染者とその行動をマッピングしたものを具体的に公表すべきであった。このままでは五輪はおろか、インバウンドの早期回復も見込めないだろう。

しかも大きな損失は、世界最大の親日国家台湾においても、日本に対する失望や不信感が広がっていることである。台湾は1月11日の選挙で、蔡英文が再選され、中国への警戒感が強いこともあって、今回の防疫体制も世界的に最も優れていると評価される。

まして台湾人は日本の動向に敏感である。日本政府の対応の緩慢さ、特に中国との往来を遅々として制限しなかったことについて、不信感が高まっている。

幸いにして2月24日の時点では、原因はあくまでも「中国との往来を禁止しなかった」点にあって、本質的には中国への不信感であると考えられる点である。だが、このまま日本で市中感染が拡大していくようであれば、じきにそれは「日本そのものへの失望と不信感」に転化しかねない。

台湾専門家の筆者としては、あれほどまでに親日的な台湾が、日本に愛想をつかす日が来ることを憂慮する。

日本政府はインバウンドという目先の数字にこだわって、中国との往来を早期に規制しなかったばかりに、目当てにしていた中国人も来なくなり、しかも日本にとって最も大事で虎の子であるはずの隣人である台湾からの支持を失うことになりそうである。

■そうでなくても米中対立

この事態が進めば、感染症の発生源となって、世界にバラまいた中国の国際的信用は決定的に失墜する。そうなれば「中国経済は大きいから、中国からのインバウンドや中国との協力は重要だ」とする多くの日本人の思い込みの前提は崩れてしまう。

しかも武漢肺炎が発生しなくても、米中対立では、米国だけでなく、英国、カナダ、オーストラリア、ニュージーランドからなるアングロサクソン5か国で構成される諜報連合「ファイブアイズ」が中国に対するバッシングを進めていた。

GDPで2010年に日本に追いつき、2019年には日本の3倍に近くなったと見られる中国は、その膨大な資金を使って、2014年ごろから米国と並ぶ世界覇権を目指し始めた。ジブチに海軍基地を設置したり、太平洋諸国にレーダー基地を設置したり、海洋覇権が顕著だが、さらには次世代通信規格の５Ｇもいち早く覇権を確立した。

海洋軍事覇権と通信覇権は、いわばアングロサクソンの核心的な利益であり、これに挑戦した中国は、もはやアングロサクソン諸国にとって絶対に打倒しなければならない最大の敵となったのである。

そうした米国などの断固たる決意を、どうやら日本政府や経済界は軽視しているようである。

日本は戦前は領土拡張にばかり目がいって、米英の利権と衝突し、それで戦争に引きずり込まれ、停戦もできずに敗北させられた。だが戦後は軍事を一切否定されたことから、経済だけにのめりこんだ。今回の武漢肺炎に関して日本政府・経済界・マスコミは口を開けば「経済への影響が心配」とするが、世界各国は「中国によってばらまかれたウイルスによって自国民が被害を受けることが心配」なのである。その意味では日本人は戦後「経済こそすべて」というまさしくエコノミックアニマルとなり、防疫と国防は度外視してしまっているようだ。

■インバウンドの長期的意味

いずれにせよ、武漢肺炎の影響は、今年夏ごろまで、下手したら年内いっぱいに及ぶであろう。

とはいえ、長期的には、インバウンドは意味があると考える。また、自由な日本が持っている魅力や価値は、覇権主義で一党独裁の中国とは対極的なものである。

現時点では台湾をはじめ中国に不信感を持つアジア諸国が、日本政府の鈍い対応に不信感を持っている。その影響は下手をしたら1～2年は続くかもしれない。

だが、アジアにおいては、嫌われ者となっている中国とは対極の価値を示せる国は日本しかないのも事実である。

そこで「おわりに」では、そうした日本の価値を見直していきたい。

おわりに　――日本の強みとは何か？

最後に、長期的に日本のインバウンドやグローカル戦略を考えるうえで、日本の強みや魅力がどこにあるのかについて考えたい。

■日本語の独自性

日本は日本語という単一言語だけが全国津々浦々で通用する点で世界でもかなり稀有な国である。しかも、日本語はほぼ一国内でしか公用語ではなく、日常的にも使われていない。例外としてパラオの一州では日本語も公用語とのことだが、詳細はわからないためここでは留保しておく。

いずれにしても日本語だけで成り立っている日本は、きわめて独特の国であるということである。

しかも日本でしか日常的に使われていない日本語が、なぜか世界的にも多くの人に学ばれている。これも実に不思議なことである。前に指摘したように、世界各地の書店の語学書コーナーでは、アジア諸国では日本語の教材は英語の次に多く、欧州ではアジア言語としては最も多くのスペースを占めていることが多い。いちおう話者数最多とされている中国語（北京語）より教材が多いというのは、きわめて不思議なことである。

もちろん、これは日本語が歴史的文献が豊富で、蓄積が多いことも一つの原因である。ちょうど２０２０年は日本書紀が成立した７２０年から１３００年紀にあたるが、その前には古事記が７１２年に成立している。もちろんチャイナと比べたら、その文字文献の歴史は長くはない。だが、これまで刊行されたことがある文献の量は、チャイナのそれに匹敵する。

江戸時代には40万点の書籍が刊行され、十返舎一九の『東海道中膝栗毛』43冊は総計50万冊売れたという。これは当時としては世界有数であり、当時世界で最も識字人口が多かったと考えられる。

■日本語学習の動機としてのアニメ

もっとも、近年の日本語学習者の動機は主にアニメである。これは先に挙げた調査や様々な伝聞からも証明される。

だとしたら、筆者が第5章で指摘したように、今後日本のアニメが衰退した場合、それとともに日本語学習者が激減してしまうということが起こるのだろうか？

まして、どうやらアニメファンの発展における台湾モデルから組み立てたように思われる日本政府のクールジャパン戦略やグローカル戦略も、アニメが衰退すれば、前提条件から崩壊することになりはしないのか？

武漢肺炎における日本政府の対応の失敗を見るにつけ、その将来について不安を感じている。

とはいえ、長期的に見れば、日本には、観光大国であるフランスやイタリアに遜色ないコンテンツと魅力があると考える。

日本国内においてアニメは何度かブームが起きては数年で衰退し、再びブームになることを繰り返してきた。衰退してもまた10年もすれば隆盛が見られるであろう。それはアニメ文化を支えてきた日本的な教養の基盤や集合知のようなものがあるからである。アニメやマンガは、その製作者や作家たちの多くがそうであるように、きわめて緻密な構成とともに、創作者の教養の深さが問われている。であれば、アニメそのものが一時的に衰退しても、実は恐れることはないのかもしれない。アニメを生み出すための教養と集合知こそが日本の本質的な魅力なのだから。

■未開拓のコンテンツ

そうした意味での教養と集合知として、日本の各地域や歴史の各年代において未開拓のコンテンツはまだまだ多い。

残念ながら筆者が具体的に示すことはできないが、そうした未開拓のコンテンツを発見・発掘していく作業は、本気でインバウンドやグローカルを目指すのであれば、なされるべきであろう。

前章で、独裁中国がアジアや欧米から内心では嫌われ、衰退していく展望を提示した。中国という国家の在りようは、アニメに対する規制、武漢肺炎で見せた行動にも表れているように、およそ21世紀の人類の文明の発展方向とは逆である。そしてアジアにおいて、中国といわば対極にあるのが日本という文化文明体であろう。

もちろん、だからといって筆者は、日本が完全無欠な存在であると言おうとしているのではない。日本は、アジアの中では最も成熟した自由で民主的な国ではあるが、ほかならぬ武漢肺炎で政府やマスコミなどが見せた愚劣さはやはり恥じてしかるべきである。

とはいえ、日本が持つ安定感はやはり抜群である。

これまで何度も述べてきたように、アジア諸国には、日本が持つ分厚い中間層に対する憧れがある。アニメファンについても実はそれが根底にある。特に日常系と言われるアニメに出てくる主人公たちは、日本で言えば中か中の上くらいの階層である。決して貧乏な人たちは出てこないのだが、そのことが中進国にとっては、一つの到達目標となっていると思われる。

これがハリウッドや韓流ドラマであれば、とんでもない富裕層が登場する。だがそれは、到達目標にはならない。単におとぎ話のように羨ましいと思うだけである。だが日本のアニメで表現される中間層の高校生は、アジアの多くの国から見ればかなり恵まれているとはいえ、手が届かない存在ではない。そこがアジア諸国のファンからあれほど共感を集める原因ではないか。

また欧米先進国においても、大学生や院生、あるいは専門技術者の間には、熱烈なアニメファンの存在が指摘されている。それは、やはりアニメの背景にある集合知や教養の集積に対する共感なのかもしれない。

日本のゲーム・アニメから生まれた「萌え絵」も今や世界の若者を席巻している。日本国内では大学の「美術部」は今や伝統的な画法ではなく、萌え絵やアニメ絵的なものを描く人がほとんどである。この傾向は少なくともアジア全域に及んでいる。それどころか、今や日本コンテンツを押しのけて世界に浸透している韓国や中国のコンテンツも、大なり小なり日本のアニメやマンガの洗礼を受けているのである。欧州においても、ウィーンの美術史美術館のショップでシシー（美貌と悲劇の生涯で知られるオーストラリア皇后エリーザベトの愛称）を萌え絵化したグッズを見かけた知り合いもいる。

先に引用した「『萌え絵』と呼ばれるスタイルがジャポニズムを超える日」でも、ジャポニズムの代表である浮世絵と萌え絵を対比する。だが、浮世絵はジャポニズムとして西欧の印象派の画家に影響を与えたものの、浮世絵の画風そのもので描く人はいなかった。しかし、萌え絵は世界的に萌え絵の画風で描く人が広がっている。

その意味では、筆者は萌え絵を印象派やシュルレアリスムなどと並ぶ「萌え絵派」として美術史に位置付けるべきだと思っている。その場合は、２０００年代前半に一世を風靡した目が大きく描かれた通称「いたる絵」は「萌え絵派いたる分派」とでも呼ぶべきだろうか？

■日本という独特の文明圏

日本語で形成された世界が独特であるように、日本の文化・文明体系も独特だ。

米国の政治学者で文明論も唱えたサミュエル・P・ハンティントンが『文明の衝突』において、日本以外の漢字文化圏（南北朝鮮、ベトナム、台湾、シンガポール）を中華文明圏に分類しながら、日本は2世紀から5世紀に中華文明から独立して成立した独自の文明圏に認定したくらいである。

日本は英米を超えて世界一になることはおそらく今後もできまい。つまり英米のように世界のルールを勝手に作り、普遍性を形成することはできないということである。だが、日本は世界の多くの文化文明圏の中では強い個性を放っている。その意味で、日本の立ち位置は欧州におけるフランス・イタリアと似ていると言えるかもしれない。そうであればこそ、フランスやイタリアのように観光大国を目指すという考え方そのものは間違っているわけではない。２０２０年は武漢肺炎と米中対決が重なり、タイミングが狂っただけと言える。

筆者が最近見直しているものとしては、日本の古典がある。特に和文による中世の物語や歌集である。

実はアニメに幻惑されて、古典の蓄積が忘れられているところがあるが、日本の古典の伝統は、豊富であり、これも今後世界的に紹介されてよいと考える。

もちろん江戸文化もきわめて豊かである。「江戸しぐさ」は捏造《ねつぞう》と指摘されているようにナンセンスであるが、江戸時代に数多く出版された戯作の類は魅力的である。今日のマンガやラノベに通じるような多様な設定や物語が存在する。

また注目すべきは、神道と神社だと思われる。

昨今流行のＬＧＢＴＩＱも、実は神道では昔から肯定的にとらえられてきた。貝合わせ（Ｌ）、男色（Ｇ）、性器手術はないが、疑似性転換にあたる異性装（Ｔ）、ふたなり（Ｉ）、戯作に見られる様々な設定（Ｑ）。これは古来、日本に存在してきたものだ。また皇祖神がアマテラスという女神であるように、日本には古来、そもそも女性蔑視などなかった。いや、そもそも性を男女の二つに明確に分ける考え方もなかった。それどころか、人間と動物、動物と植物、生物と無生物すら明確に二元論で区別することはしなかった。すべてに等しく魂が宿ると考えた。今の西洋の生物学では、生物と非生物の中間的存在ながら知恵が存在する粘菌、植物と動物の中間的な存在、さらに人間のセックスでも男女の中間的な存在が次々と発見され認知されている。そもそも万物をすべて二つに区分するという発想は、一神教的な思考から生まれたものだろうが、学問の進化によって、二元論そのものに疑問が提示されている。ＬＧＢＴしかりジェンダーなどの二元論しかり、むしろ西欧の知見がようやく神道に追いついたとも言える。

観光コンテンツと呼ぶには、やや違和感があるかもしれないが、神社は今後もっと注目されるべきである。もちろんすべての神社を下手に観光化すべきではないだろうが、もともと集客力のある大きな神社は、今後さらにスポットを当ててもよいのではなかろうか？

近代になってできた明治神宮、平安神宮、さらに古代からある熱田神宮と出雲大社。あるいは一部が忘れられて寂れている旧一宮なども今後注目されてもよいだろう。

■老舗の多さと安定性

日本が日本語による豊富な文化圏を構成してきたことはまた、老舗の多さにも特徴が見られる。

日本には世界最古の企業が存在する。法隆寺建立にも携わった金剛組（578年創業）がそれである。創業1000年の老舗も世界一多い。金剛組を含めて8社存在する。

またパリに本部があり、創業200年以上で社史も編んだ企業のみが加盟できる老舗の国際組織として「エノキアン協会」がある。フランスとイタリアの企業が多いのだが、日本からも8社が加盟している。同協会で最古の企業は日本である。それも筆者の現住する石川県小松市にある法師（有限会社善吾楼）であり、西暦718年創業の旅館である。日本では5番目に古い。

野村進による統計では、200年以上の歴史を持つ企業は、日本では3000社に及ぶが、アジアでは中国9社、インド3社、韓国0社と比べ突出している。欧州のドイツ800社、オランダ200社と比べても多い（『長寿企業は日本にあり』2007年）。

老舗が存続できたのは、危機に対して柔軟で創造的な適応を示してきたからである。ただ古いだけで時代の変化に適応できなければ、とっくに淘汰されていたからだ。

こうした老舗を生む風土は、まさに今や世界で流行のSDGsの一つである。そして、天皇家もまさにそうした老舗やSDGsの典型である。

老舗が永続してきたということは、戦乱が少なく革命がなかったことを示す。だが戦乱や革命の不在を、かつての左翼革命史観のように「日本の階級制、保守性、市民社会の不在」などの結果と考えてはならない。大きな動乱や戦争は、まさに庶民を不幸にするものである。老舗を存続させる日本の安定性は、実は庶民にとっても、安心して生きられる社会であったことを示している。しかしなぜ反戦を主張する左翼が、革命を肯定的にとらえるのかは不思議ではあるが。こうした動乱がなかったことこそがまた、日本が中国とは対極的な点でもある。

■課題先進国

日本は現在、少子高齢化という危機と課題に直面している。しかもその急激さは西欧も経験していなかったものである。

そうした意味で、日本は「課題先進国」であるという指摘がある。『課題先進国』の著書がある東大元総長の小宮山宏によれば、日本は環境問題、少子化、高齢化、地域の過疎化、エネルギー供給問題などの点で、先例のない課題を多く抱えている。またそれをいかに解決し、乗り越えていくかという問題に直面している。日本が先に問題解決にあたることで、それが他国からモデルとして参照される、という主張である。

これは小宮山の指摘通りで、アジア諸国で先進国状態に突入した国には、日本のあとを追うように急速に同様の問題に直面しているところがある。その典型は台湾と韓国である。

その意味では、日本が先に問題を解決することによって、再びアジアをリードすることができる。

課題先進国といえば、大泉啓一郎が『老いてゆくアジア』で指摘している通り、発展を遂げる国が複数登場した現在のアジア地域において、日本は人口オーナス期と高齢化社会に突入する前に、福祉制度を整備することができたほぼ唯一の国である。しいて言えば韓国と台湾も日本を参照することによって、なんとか整備できていると言える。だが中国に至っては、高齢化が急速に進んでいるのに福祉制度は整備されていない。タイとマレーシアもそうした問題に直面している。もちろん日本の福祉制度は、高福祉の北欧諸国に比べたら貧弱かもしれないが、日本はアジアに位置する。その中で、人口オーナス期になる前に福祉制度を整備できたことは、将来的に財源確保などの不安はあるとはいえ、まだしも幸運だったとも言える。そして今後、アジアで発展を遂げた国々が福祉制度を整備する場合のモデルにもなる。

■危機は転機

2020年に入ってから爆発した武漢肺炎問題は、日本政府の戦略であり、本書のテーマでもあるインバウンドとグローカルビジネスの進展に対して、大きな問題を突きつけた。そして2月24日の段階では日本政府や関連業界の対応は、残念ながらお粗末の一言である。

とはいえ、危機は転機でもある。今の日本政府・官僚・マスコミ・レガシー企業などの機能不全は、1945年にできた現行の戦後体制が制度疲労の極致にあることを示している。経済学でいう景気循環の最長波であるコンドラチェフの波は、50〜70年周期であるが、それはちょうどイノベーションを契機としている。現代のイノベーションはネットとスマホの普及であろう。1945年に成立した政治社会経済体制と、そのパラダイムで育ったエリートが今の時代には適応できないのは当然であろう。

実は戦後体制は1991年のバブル崩壊のころにとっくにほころびていたのであるが、それを弥縫《びほう》策で対応して、ついに2020年になって一挙に破綻が見えたと言える。

どんな政治体制も永遠に続くことはありえない。来年あるいは近い将来には、体制一新が必要となろう。

そのときには、日本の魅力を武器にしたインバウンド戦略を、また改めて構成しなおしていけばよい。

日本には天皇家と老舗に見られる永続性の核がある。だがそれ以外のもの、特に政治体制や官僚組織は、時代に合わせて一新されるべきである。

その意味では、武漢肺炎と米中対立によって起こるであろう世界の大変動は、1〜2年のスパンで見れば日本にとって大きな苦難であろうが、日本もまた体制を刷新させることで乗り切れるであろうし、また乗り切るべきなのである。

日本のアニメはなぜ世界を魅了し続けるのか

アニメ聖地と地方インバウンド論

2020年5月5日 初版発行

著者 酒井 亨

酒井 亨（さかい・とおる）
公立小松大学准教授 1966年、石川県金沢市生まれ。早稲田大学政治経済学部卒、台湾大学法学大学院修士課程修了。大学卒業後、共同通信社記者。2000年より、台湾在住フリージャーナリストとして台湾を中心にアジアの政治、経済、文化事情を取材し、雑誌記事、書籍を多数発表してきた。著書に『台湾 したたかな隣人』（集英社新書）、『中韓以外みーんな親日』『アニメが地方を救う!?』（ワニブックス【PLUS】新書）など。

発行者 佐藤俊彦
発行所 株式会社ワニ・プラス
〒150-8482
東京都渋谷区恵比寿4-4-9 えびす大黒ビル7F
電話 03-5449-2171（編集）
発売元 株式会社ワニブックス
〒150-8482
東京都渋谷区恵比寿4-4-9 えびす大黒ビル
電話 03-5449-2711（代表）
装丁 橘田浩志（アティック）
柏原宗績
DTP 株式会社ビュロー平林
印刷・製本所 大日本印刷株式会社

ISBN 978-4-8470-6164-6
ワニブックスHP https://www.wani.co.jp